Unter jedem Rezept stehen drei Icons, die über Schwierigkeitsgrad, Kosten und Zubereitungszeit informieren.

SCHWIERIGKEITSGRAD

1 Für blutige Anfänger geeignet.

2 Wenn man schon ein bisschen kochen kann.

3 Etwas aufwendigere Rezepte, die mehr Erfahrung und Geduld erfordern.

KOSTEN

= bis 2,50 € pro Person

= bis 3,50 € pro Person

= bis 5,00 € pro Person

ZUBEREITUNGSZEIT

ETWA 00:20

Die Zeit, die man für die Zubereitung benötigt, wird in Minuten angegeben. **Aber Achtung**: Die Garzeit kommt noch dazu.

QR-CODE

Einkaufsliste auf dem Smartphone – so geht's: Ihr braucht nur eine App, die QR-Codes lesen kann. (Für jedes Smartphone gibt's kostenlose Apps. Wir empfehlen i-nigma.)
Die QR-Codes einfach mit dem Smartphone einlesen, schon erscheint die Einkaufsliste für das jeweilige Rezept auf dem Display.
iPhone-Nutzer können sich die kostenlose App holen, die erweiterte Funktionen bietet!
Der QR-Code links neben diesem Text bringt euch zum App Store.

Das bin ich mit 5 Jahren
und meiner Lieblingszutat
- K-E-T-C-H-U-P -

KÄTS STUDENTEN KÜCHE

KOCHEN UND BACKEN FÜR ALLE KOCHSEMESTER

Katerina Dimitriadis

Fotos – Pilar Schacher
Grafik – Andrea Schindler

DK

Was befähigt eine 22-jährige Studentin dazu, ein Kochbuch zu schreiben? Diese Frage ist genauso berechtigt, wie sie in meinem Fall ganz einfach zu beantworten ist: jahrelange Erfahrung als Köchin im eigenen Restaurant. Seit mehr als vier Jahren arbeite ich neben Schule und Studium allabendlich mit meiner Mama in der Küche unseres Restaurants und bastle an neuen Gerichten, während meine Schwester unsere Gäste bedient.

Natürlich ist es ganz schön stressig, die Uni und den Job in der Küche unter einen Hut zu bringen. Aber so geht es zahllosen Studenten, die neben dem Studium Geld verdienen müssen. Was mich nach einem hektischen Tag immer rettet, ist ein selbst gekochtes, gesundes und köstliches Essen, das ich in aller Ruhe allein, mit meinem Freund oder meiner Familie genieße. Natürlich dürfen die Gerichte dann nicht kompliziert und zeitaufwendig sein. Und so habe ich im Laufe der Jahre Rezepte aus einfachen Zutaten entwickelt, die ruckzuck auf dem Tisch stehen, trotzdem superlecker schmecken und nach wenig Kochgeschirr verlangen, das man hinterher wieder abspülen muss. **Gesunde, schnelle Küche, die satt und glücklich macht – das ist mein Motto!**

Aber natürlich gibt es auch die entspannteren Tage, an denen man Lust auf ein ausgiebiges Frühstück hat, ein Essen mit Freunden oder sogar eine Party plant. Auch für solche Gelegenheiten habe ich Ideen gesammelt. Vom klassischen Schnitzel über griechische Spezialitäten, schnelle Pastagerichte, Asiatisches, Aufläufe und Salate, Fleischiges für die Kerle und leichte vegetarische Köstlichkeiten für die Mädels – alles ist vertreten. Und auch Mamas Klassiker fehlen nicht. Mein Ehrgeiz war, alle Rezepte, die man als Student brauchen kann, in einem Buch zu vereinen. Meine Freunde finden, das ist mir gelungen! Auf drei Feature-Seiten gibt es außerdem Tipps zur Rezeptauswahl für unterwegs, für die WG-Küche oder für ein romantisches Abendessen zu zweit.

Auch wenn ihr wenig oder gar keine Erfahrung in der Küche habt, traut euch! Probiert ein einfaches Rezept – die Erfolgserlebnisse lassen nicht auf sich warten. Ihr werdet sehen: Kochen macht Spaß und spart Geld und irgendwann landet die Nummer vom Pizza-Service einfach im Papierkorb.

Viel Spaß beim Kochen wünscht Eure

Katerina

<--- PS: Und beim Kochen immer auf die richtige Balance achten! :)

INHALT

Langschläfer

Frühstück

»Das Frühstück ist die wichtigste Mahlzeit des Tages!« Auch wenn diese Lebensweisheit abgedroschen klingt: Es gibt wohl kaum einen Studenten, der gern mit leerem Magen in einen anstrengenden Unitag startet. Schließlich ist es ziemlich unangenehm, im vollen Vorlesungssaal durch Magenknurren statt durch schlaue Kommentare aufzufallen. Während des Semesters nimmt man sich selten die Zeit, vor der Uni schon zu schnippeln und zu brutzeln. Am Wochenende und in den Semesterferien sieht das anders aus. Dann darf es auch mal etwas Besonderes zum Langschläferfrühstück sein! Ich habe hier ein paar Rezepte für ein Blitzfrühstück unter der Woche, aber vor allem raffinierte Vorschläge für Tage mit großem Frühstückshunger zusammengestellt.

STRAMMER MAX

Strammer Max ist ein Klassiker, den unser Vater früher für uns machte, wenn wir morgens etwas Kräftiges essen wollten. Es ist eigentlich nichts anderes als eine mit Schinken und Spiegelei belegte Scheibe Bauernbrot. Im Laufe der Zeit habe ich dieses einfache Rezept abgewandelt und meine eigenen Strammer-Max-Kreationen entwickelt.

Für 1 Person

ITALIENISCHER MAX
6 EL Olivenöl
8 Kirschtomaten
Salz, Pfeffer
6 Basilikumblätter
1 Ei
3 Scheiben italienische Salami
1 dicke Scheibe Ciabatta

1. 1 EL Olivenöl in einer Pfanne erhitzen. Die Tomaten vierteln und darin bei mittlerer Hitze kurz anbraten. Mit Salz und Pfeffer würzen, Basilikumblätter grob hacken und unterheben. Alles auf einen Teller geben.
2. Das restliche Öl in der Pfanne erhitzen und das Ei hineinschlagen. Das Spiegelei bei schwacher Hitze ein paar Minuten stocken lassen, salzen und pfeffern.
3. Die Pfanne leicht kippen, sodass sich das heiße Olivenöl mit einem Esslöffel über das Ei gießen lässt. So wird es auch von oben gar, ohne zu verbrennen.
4. Salami und Spiegelei auf der Ciabatta-Scheibe anrichten und die lauwarmen Basilikumtomaten ringsum verteilen.

FITTE LOTTE

Für 1 Person

3 Zweige Dill
½ Bund Schnittlauch
2 EL Frischkäse
Salz, Pfeffer
2 EL Sonnenblumenöl
1 Ei
3 Kirschtomaten
2 Salatblätter
2 Scheiben
  Hähnchenbrustaufschnitt
1 Scheibe Vollkornbrot

1. Die Kräuter fein hacken und mit Frischkäse sowie etwas Salz und Pfeffer in einer Schale vermischen.

2. Das Öl in einer Pfanne erhitzen, das Ei hineinschlagen und das Eigelb mit einer Gabel zerdrücken.

3. Das Spiegelei bei mittlerer Hitze garen, salzen und pfeffern.

4. Die Tomaten in dünne Scheiben schneiden und mit Salat, Frischkäsecreme, Hähnchenbrust und Spiegelei auf dem Vollkornbrot anrichten.

ARME RITTER

Arme Ritter gab es bei uns zu Hause meist am Sonntag. Nicht nur, weil sie so wahnsinnig lecker schmecken, sondern auch, weil wir kaum etwas Essbares im Haus hatten. Für Arme Ritter braucht man lediglich altes Weißbrot in ein verquirltes Ei zu tunken, dieses in der Pfanne auszubacken und mit Zimtzucker zu bestreuen. Mit ein paar weiteren Handgriffen entsteht auf Grundlage dieses einfachen Gerichts ein wahres Luxusfrühstück!

Für 1 Person

NASCHKATZEN-RITTER MIT ERDNUSSBUTTER UND HIMBEERQUARK

2 EL Magerquark
1 EL Himbeerkonfitüre
1 Ei
3 EL Milch
3 EL Mandelblättchen
2 dicke Scheiben Baguette
2 TL Erdnussbutter
1 TL Butter

1. Quark und Himbeerkonfitüre in einer Schale vermischen. Ei und Milch in einer Schüssel verquirlen. Einen Teller mit Mandeln bestreuen. Die Baguettescheiben in der Mitte waagerecht anschneiden und mit der Erdnussbutter füllen.

2. Die Butter in einer Pfanne erhitzen. Die gefüllten Baguettescheiben von beiden Seiten in die Eimischung tunken, in den Mandelblättchen wenden und in die heiße Pfanne geben. Bei mittlerer Hitze von beiden Seiten goldbraun braten und mit dem Himbeerquark servieren.

Für 1 Person

STARKE-RITTER-SANDWICH

ein paar Petersilienblättchen
1 Ei
3 EL Milch
Salz, Pfeffer
1 Tomate
2 Scheiben Weißbrot
2 Scheiben Emmentaler
4 Scheiben Lachsschinken
1 TL Sonnenblumenöl

1. Petersilie fein hacken und mit Ei, Milch und etwas Salz und Pfeffer in einer Schüssel verquirlen. Die Tomate in Scheiben schneiden. 1 Brotscheibe abwechselnd mit Emmentaler, Lachsschinken und Tomatenscheiben belegen, die zweite Brotscheibe darauflegen.

2. Öl in einer Pfanne erhitzen. Das belegte Brot vorsichtig von beiden Seiten in die Eimischung tunken und in die heiße Pfanne legen. Das Sandwich bei mittlerer Hitze von beiden Seiten goldbraun braten.

RÜHREIER

Es gibt Tage, die nur eine ordentliche Portion Rührei mit Schinken zum Frühstück rettet. Das geht schnell, sättigt und schmeckt nach guter alter Hausmannskost. Rühreier mit Schinken waren auch das erste Gericht, das ich als Kind selbst kochen konnte. Und tatsächlich sind sie kinderleicht zuzubereiten und superlecker!

Für 1 Person

RÜHREIER KLASSISCH

1 TL Butter
2 Scheiben Kochschinken
3 Eier
Salz, Pfeffer

1. Die Butter in einer Pfanne erhitzen. Den Schinken in Stücke schneiden und in der Pfanne bei mittlerer Hitze etwa 2 Minuten braten.

2. Die Hitze herunterschalten, die Eier in die Pfanne schlagen, kurz stocken lassen und dann mit einem Kochlöffel verrühren.

3. Die Rühreier bei mittlerer Hitze so lange weiterbraten, bis sie gestockt, aber noch saftig sind. Mit Salz und Pfeffer würzen.

BEILAGENTIPP

Als Beilage zu klassischem Rührei schmeckt salziger Buttertoast fantastisch. Dafür warmen Toast mit etwas Butter bestreichen und 1 Prise Salz darüberstreuen.

Für 1 Person

KRÄUTERRÜHREI MIT VOLLKORNBROT, RADIESCHEN UND SPROSSEN

3 Eier
Salz, Pfeffer
1 TL Sonnenblumenöl
½ Paprikaschote
1 Handvoll Petersilienblättchen
⅓ Bund Schnittlauch
1 Tomate
2 Radieschen
2 Scheiben Vollkornbrot
½ Schälchen Sprossen

1. Die Eier in einer Schüssel mit etwas Salz und Pfeffer verquirlen.
2. Das Öl in einer Pfanne erhitzen. Die Paprika würfeln und kurz anbraten, die Eier dazugießen und stocken lassen, dabei ab und zu mit einem Kochlöffel umrühren. Petersilie fein hacken und Schnittlauch in feine Ringe schneiden. Beides unter die Eiermischung rühren.
3. Tomate und Radieschen in Scheiben schneiden. Die Brote mit den Tomatenscheiben belegen und das Rührei darauf verteilen. Alles mit den Radieschenscheiben und Sprossen dekorieren.

GESUND UND FIT

Für den kleinen Frühstückshunger nur zwei Eier verwenden. Und falls ihr gerade ein bisschen auf die Figur achtet: Die Eigelbe ganz einfach weglassen. So spart ihr Kalorien und werdet trotzdem richtig satt!

MUSCLE MAN OMELETT

MIT KÄSE, WÜRSTCHEN UND SPECK

Für 1 Person

3 Eier
3 EL Milch
2 EL geriebener Gouda
Salz, Pfeffer
2 Bratwürste
1 EL Sonnenblumenöl
4 Scheiben Frühstücksspeck

1. Eier, Milch, Gouda, etwas Salz und Pfeffer in einer Schüssel verquirlen. Die Bratwürste in etwa 5 mm dicke Scheiben schneiden.

2. Das Öl in einer Pfanne erhitzen und die Bratwürste darin bei mittlerer Hitze von allen Seiten anbraten. Den Frühstücksspeck klein schneiden dazugeben und ebenfalls von beiden Seiten knusprig braten.

3. Die Eiermischung gleichmäßig über Würstchen und Speck gießen und bei mittlerer Hitze etwa 3 Minuten stocken lassen. Das Omelett mithilfe eines Pfannenwenders wenden und auch auf der anderen Seite goldbraun braten.

FÜR BÄRENHUNGER

Zusätzlich 2 gekochte Kartoffeln in dünne Scheiben schneiden und zusammen mit Würstchen und Speck anbraten – das füllt auch ganz hungrige Mägen!

ETWA 00:20

2

ZUCCHINIOMELETT

Für 1 Person

3 Eier
Salz, Pfeffer
1 kleine Zucchini
1 TL Sonnenblumenöl
5 Kirschtomaten
1 Handvoll Rucola
1 TL geriebener Parmesan

1. Die Eier mit etwas Salz und Pfeffer in einer Schüssel verquirlen. Die Zucchini waagerecht halbieren und mit einem Gurkenhobel in dünne Scheiben hobeln.

2. Das Öl in einer Pfanne erhitzen und die Zucchini darin bei mittlerer Hitze etwa 2 Minuten braten. Die Eier gleichmäßig darübergießen und etwa 3 Minuten stocken lassen.

3. Das Omelett mithilfe eines Pfannenwenders wenden und auch auf der anderen Seite goldbraun braten.

4. Die Kirschtomaten in dünne Scheiben schneiden, zusammen mit dem Rucola auf dem fertigen Omelett verteilen und mit Parmesan bestreuen.

Küchenutensilien:

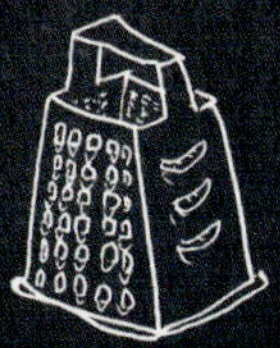

Gurkenhobel

- Schnell - mal - anders -

Winter-Porridge

1 Birne würfeln, mit etwas gemahlenem Zimt und ein paar gehackten gebrannten Mandeln unter den Porridge mischen.

Chocolate Monkey

1 Banane zerdrücken und 1 Stück Zartbitterschokolade fein reiben. Beides unter den heißen Porridge rühren.

DREI X MÜSLI

Für 1 Person

ERDBEER-PORRIDGE

150 ml Milch
1 EL Rosinen
7 EL Haferflocken
1 EL gehackte Mandelkerne
1 Prise gemahlener Zimt
8 Erdbeeren
2 EL Naturjoghurt
½ TL brauner Zucker

MÖHRENMÜSLI MIT KEFIR UND GRAPEFRUIT

1 Möhre
1 Apfel
1 TL Zitronensaft
6 EL Haferflocken
1 EL gehackte Haselnusskerne
1 TL flüssiger Honig
200 ml Kefir
1 Grapefruit

BANANEN-MANDARINEN-COUSCOUS

100 g Instant-Couscous
2 EL Studentenfutter
8 Scheiben getrocknete Banane
1 TL Honig
1 Mandarine

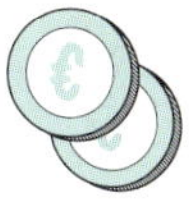

ERDBEER-PORRIDGE

1. Milch in einem Töpfchen aufkochen.

2. Rosinen halbieren, mit Haferflocken, Mandeln und Zimt in eine Frühstücksschale geben und die kochende Milch darübergießen. Den Porridge gut umrühren und etwa 10 Minuten quellen lassen.

3. Die Erdbeeren vierteln. Obst und Joghurt auf dem Haferbrei verteilen und mit dem Zucker bestreuen.

MÖHRENMÜSLI MIT KEFIR UND GRAPEFRUIT

1. Möhre und Apfel schälen und mit einer groben Reibe in eine Frühstücksschale reiben. Zitronensaft, Haferflocken, gehackte Haselnusskerne, Honig und Kefir unter die Raspeln mischen und etwa 5 Minuten ziehen lassen.

2. Die Grapefruit schälen, die Filets herausschneiden und über dem Müsli verteilen.

Küchenutensilien:

grobe Reibe

BANANEN-MANDARINEN-COUSCOUS

1. 200 ml Wasser aufkochen. Couscous in eine Frühstücksschale geben, mit dem kochendem Wasser übergießen und unter gelegentlichem Rühren etwa 10 Minuten quellen lassen.

2. Das Studentenfutter grob hacken, die Bananenscheiben vierteln und alles mit dem Honig unter das Couscous heben. Die Mandarine filetieren und darüber verteilen.

HÜTTENGAUDI VIER x ANDERS

Für 1 Person

BLAUBEERKÄSE MIT WILDEM GEKNUSPER
125 g Blaubeeren
200 g Hüttenkäse
8 Amarettini
1 Scheibe Pumpernickel
½ Bio-Zitrone
2 EL Ahornsirup
5 Cashewkerne

SCHWARZWALDSCHNITTE
80 g Brie
4 EL Hüttenkäse
2 EL Preiselbeerkonfitüre
1 EL gehackte Walnusskerne
2 Scheiben Roggenbrot
4 Scheiben Schwarzwälder Schinken

BANANENTOAST
4 EL Hüttenkäse
2 EL flüssiger Honig
1 Banane
1 EL gehackte Haselnusskerne
2 Scheiben Vollkorntoast
1 Prise gemahlener Zimt

HÜTTENSANDWICH
2 Radieschen
1 Frühlingszwiebel
3 EL Hüttenkäse
1 Ciabattabrötchen
1 kleine Handvoll Rucola
1 Tomate
2 Scheiben Mortadella
Salz, Pfeffer

BLAUBEERKÄSE

1. Den größten Teil der Blaubeeren in einen tiefen Teller geben, mit einer Kuchengabel zerdrücken und den Hüttenkäse untermischen.

2. Amarettini zerdrücken und Pumpernickel zerbröseln. Zitronenschale abreiben. Alles mit Ahornsirup in einer Schale vermengen.

3. Cashewkerne vierteln und mit den Knusperkrümeln und den restlichen Blaubeeren über dem Hüttenkäse verteilen.

SCHWARZWALDSCHNITTE

1. Den Brie fein würfeln und mit dem Hüttenkäse in einer Schale vermischen. Preiselbeerkonfitüre und Walnusskerne in einer zweiten Schale vermengen.

2. Beide Brote mit Brie-Hüttenkäse, Schinken und der Walnuss-Preiselbeer-Konfitüre belegen.

BANANENTOAST

1. Hüttenkäse und 1 EL Honig in einer Schale vermischen. Die Banane schälen und in dünne, schräge Scheiben schneiden.

2. Hüttenkäse, Bananenscheiben und Haselnusskerne auf den warmen Toastscheiben verteilen, mit dem restlichen Honig beträufeln und mit Zimt bestreuen.

HÜTTENSANDWICH

1. Radieschen und Frühlingszwiebel in kleine Stücke schneiden. Beides in einer Schale mit dem Hüttenkäse vermischen.

2. Das Brötchen aufschneiden und Rucola und Hüttenkäse auf der unteren Brötchenhälfte verteilen. Tomate in Scheiben schneiden. Mortadella und Tomatenscheiben auf den Hüttenkäse legen, salzen und pfeffern. Das Sandwich zuklappen.

SPARTIPP

Den etwas kostspieligeren Ahornsirup durch 2 EL flüssigen Honig ersetzen.

GEWUSST WIE

Zu viel Rucola, Tomate & Co. eingekauft? Kein Problem! Daraus lässt sich ein leckerer Salat kreieren.

Opas Spezialtipps

Koutalides schmecken auch nur mit etwas Zucker bestreut grandios – besonders, wenn sie in Olivenöl ausgebacken wurden!

Im Winter streut mein Opa gehackte Walnüsse über die fertig angerichteten Koutalides. So schmecken sie besonders fein und geradezu weihnachtlich.

KOUTALIDES

MIT HONIG UND ZIMT

In meiner Kindheit waren Opas Koutalides für mich das allerbeste Frühstück der Welt: innen luftig und außen knusprig! Er erzählte mir auch, dass sein eigener Opa ihm die kleinen Krapfen aus der Not heraus zubereitete, weil sie nichts anderes mehr im Haus hatten als etwas Mehl und Honig. Inzwischen ist, über die Generationen hinweg, aus einem Arme-Leute-Essen ein richtiges Gourmetfrühstück geworden.

»Opa und ich in Griechenland.« 1991

Für 2 Personen

200 g Mehl
1 TL Backpulver
Sonnenblumen- oder Olivenöl
4 EL flüssiger Honig
½ TL gemahlener Zimt

1. Mehl, Backpulver und 200 ml Wasser in eine Schüssel geben und mit einem Löffel kräftig verrühren, bis ein glatter, zähflüssiger Teig entstanden ist.

2. So viel Öl in eine Pfanne geben, dass der Pfannenboden davon bedeckt ist, und erhitzen. Den Teig mit einem Esslöffel portionieren, in das heiße Öl geben und darauf achten, dass genug Platz zwischen den kleinen Krapfen bleibt. Bei mittlerer Hitze von beiden Seiten goldbraun und knusprig braten. Aus der Pfanne heben und auf Küchenpapier abtropfen lassen.

3. Die heißen Koutalides auf zwei Teller verteilen, mit Honig beträufeln und mit Zimt bestäuben.

CAMPUS

PICKNICK

Egal ob auf dem sommerlichen Rasen oder im leeren Vorlesungssaal: Es macht Spaß, ein Campuspicknick mit ein paar Leckereien zu veranstalten, die man zu Hause zubereitet und in die Lunchbox gepackt hat. Bei einer Picknickrunde mit köstlichem Essen sind alle Unisorgen in Windeseile verflogen. Damit nichts schiefgehen kann, hier eine Auswahl an Rezepten, die schnell zuzubereiten und einfach zu transportieren sind und warm oder kalt gleichermaßen schmecken.

BRUSCHETTA (s. S. 45) – COUSCOUSSALAT (s. S. 63) – KÜRBIS-MUFFINS (s. S. 42)
ZUCCHINIQUICHE (s. S. 41) – WRAPS (s. S. 49) – SANDWICHES UND BAGELS (s. S. 50f.)
BLÄTTERTEIGSCHNECKEN (s. S. 159)

-Schnell-mal-anders-

Karibikbrot

Milch durch Ananassaft ersetzen und zusätzlich 4 EL Kokosraspel unter den Teig mischen.

Schokoladen-Bananen-Kuchen

Zusätzlich 3 EL Kakaopulver und 3 EL Zucker unter den Teig rühren.

BANANENBROT

MIT ZIMTBUTTER

Als eine Freundin ein Auslandssemester in Kanada machte, erzählte sie mir von einem köstlichen Bananenkuchen, den sie dort zum Frühstück gegessen hatte. Sie war derart begeistert vom »Banana Bread«, dass ich ganz schnell meinen eigenen fruchtigen Frühstückskuchen kreierte. Mein Bananenbrot schmeckt total lecker und enthält nur wenig Zucker – optimal, um satt und gesund in den Tag zu starten! Wer Kalorien sparen will, verwendet statt normaler Butter Joghurtbutter.

Für 10 Stücke

BANANENBROT
200 g zimmerwarme Butter
2 EL Zucker
4 Eier
250 g Mehl
100 g Speisestärke
1 Päckchen Backpulver
4 EL Milch
4 Bananen
3 EL gehackte Walnusskerne

Für 1 Portion Zimtbutter

1 EL Butter
3 TL flüssiger Honig
½ TL gemahlener Zimt

1. Den Backofen auf 180 °C Ober-/Unterhitze vorheizen. Eine Kastenform (25 cm lang) mit etwas Butter einfetten.

2. Restliche Butter, Zucker und Eier in einer Schüssel mit den Rührstäben des Handrührgeräts schaumig schlagen. Mehl, Speisestärke, Backpulver und Milch dazugeben und gut einarbeiten. Bananen schälen und zerdrücken. Das Bananenmus und die Walnusskerne unter den Teig heben.

3. Den Teig in die Form füllen. Auf der mittleren Schiene etwa 50 Minuten backen. Herausnehmen und etwas auskühlen lassen. Aus der Form lösen und in Scheiben schneiden.

4. Für die Zimtbutter Butter, Honig und Zimt in einer Schale verrühren und zu dem warmen Bananenbrot servieren.

GEWUSST WIE

Das Bananenbrot ist trocken gelagert mehrere Tage haltbar. In Scheiben geschnitten und getoastet schmeckt es auch Tage später noch wie frisch aus dem Ofen.

Küchenutensilien:

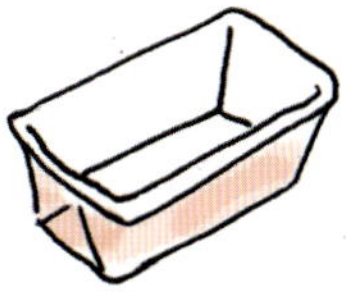
Kastenform

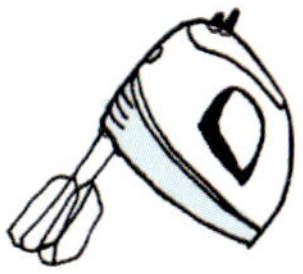
Handrührgerät

PATTIS NEW YORK PANCAKES

Als ich mit meinem Freund Patrick zum ersten Mal in New York war, wurden wir vom kulinarischen Angebot völlig überwältigt: die riesigen Supermärkte, die vielen Essensstände und die unglaublichen Cafés und Restaurants! Vor allem die Pancakes hatten es uns angetan. Zurück in Deutschland, fing ich sofort an, verschiedene Rezepte auszuprobieren.

Für 1 Person

2 Eier
120 ml Milch
100 g Mehl
1 TL Backpulver
3 EL Sonnenblumenöl
1 EL Puderzucker
4 EL Ahornsirup
8 Erdbeeren

1. Eier und Milch in einer Schüssel verquirlen. Mehl und Backpulver dazugeben. Alles mit dem Schneebesen zu einem glatten Teig verrühren.
2. 1 TL Öl in einer Pfanne erhitzen. 1 kleine Schöpfkelle Teig in die Mitte der Pfanne gießen und zu einem Kreis von etwa 10 cm Ø verstreichen. Den Pancake bei mittlerer Hitze goldbraun backen, wenden und auch von der anderen Seite bräunen.
3. Mit dem restlichen Teig genauso verfahren, bis er aufgebraucht ist. Dabei nach jedem Pancake etwas Öl in die Pfanne geben.
4. Die Pancakes auf einem Teller stapeln, mit Puderzucker bestäuben und mit Ahornsirup übergießen. Die Erdbeeren vierteln und rundherum verteilen

»ALLEIN FÜR DIE ERDBEER-PANCAKES HAT SICH UNSER TRIP IN DIE USA GELOHNT!«

Manhattan, New York City 2010

- Schnell-mal-anders -

Beerig

1 Handvoll Blaubeeren unter den flüssigen Teig heben und die fertigen Blaubeer-Pancakes mit etwas Honigquark servieren.

Crazy Monkey

1 Banane in dünne Scheiben schneiden, zwischen den fertigen Pancakes verteilen und alles mit etwas gemahlenem Zimt bestäuben.

Schokotraum

Die heißen Pancakes mit geraspelter Zartbitter- und weißer Schokolade bestreuen.

2 ETWA 00:25 €

Filmtipp

Kein Film der Welt passt besser zu diesem typisch amerikanischen, reichhaltigen New Yorker Frühstück als der Klassiker ***Breakfast at Tiffanys***!

GEWUSST WIE

Beim Obsteinkauf auf saisonale Früchte achten! Die sind preiswert, reif und schmecken. Also je nach Jahreszeit die Brombeeren durch Birne ersetzen oder statt frischen Himbeeren tiefgekühlte nehmen.

SMOOTHIES

An warmen Tagen sehnt man sich manchmal nach etwas Leichtem zum Frühstück. Da sind Frühstücksdrinks genau das Richtige. Smoothies sind nämlich schnell zubereitet und schmecken fruchtig-lecker. Satt wird man trotzdem!

Für jeweils 1 Person

TRINKMÜSLI MIT HIMBEEREN UND PFIRSICH

8 Himbeeren
1 Pfirsich
150 ml Buttermilch
2 EL Haferflocken
1 TL Honig

BREAKFASTCOLADA

1 Banane
3 EL Kokosmilch
125 g Naturjoghurt
5 EL Ananassaft
1 Prise gemahlener Zimt

BROMBEER-LASSI

125 g Brombeeren
100 ml Milch
1 TL Honig
3 EL Naturjoghurt

TRINKMÜSLI

1. Die Himbeeren auf dem Boden eines Glases verteilen und mit einem kleinen Löffel zerdrücken. Das Pfirsichfleisch vom Kern lösen und in kleine Stücke schneiden.

2. Pfirsichfleisch, Buttermilch, Haferflocken und Honig in ein hohes Gefäß geben und mit einem Stabmixer fein pürieren. Über das Himbeermus gießen.

BREAKFASTCOLADA

Banane schälen und zusammen mit Kokosmilch, Joghurt und Ananassaft in einem hohen Gefäß mit einem Stabmixer fein pürieren. Den noch schaumigen Smoothie in ein Glas füllen und mit etwas Zimt bestäuben.

BROMBEER-LASSI

Brombeeren, Milch und Honig in einem hohen Gefäß mit dem Stabmixer fein pürieren. Den Joghurt unterrühren und den Smoothie in ein Glas füllen.

Küchenutensilien:

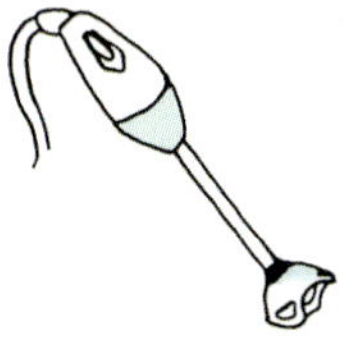

Stabmixer

ETWA 00:10

1

KLEINER HUNGER

Wer kocht eigentlich gerne für sich allein? Ich hoffe alle! Denn es ist wichtig, sich regelmäßig mit gesundem, frischem und selbst gekochtem Essen zu verwöhnen. Deshalb finden sich in diesem Kapitel Rezepte, die man für eine Person kochen kann, ohne die Hälfte der Zutaten wegschmeißen zu müssen. Es gibt Vegetarisches, Salate, Suppen und leichte Gerichte, die satt machen, ohne schwer im Magen zu liegen. Richtiges Gute-Laune-Essen!

SÜSSKARTOFFELSUPPE
KARTOFFELEINTOPF

Für 2 Personen

SÜSSKARTOFFELSUPPE MIT BUTTERMILCH

2 EL Sonnenblumenöl
1 Zwiebel
2 große Süßkartoffeln
½ Apfel
Salz, Pfeffer
200 ml Buttermilch

KARTOFFELEINTOPF

2 EL Sonnenblumenöl
1 Zwiebel
900 g Kartoffeln
2 Möhren
Salz, Pfeffer
1 Handvoll Petersilienblätter

SÜSSKARTOFFELSUPPE

1. Das Öl in einem Topf erhitzen. Die Zwiebel und die Süßkartoffeln schälen und würfeln. Den Apfel schälen, entkernen und in Stücke schneiden. Alles im Öl etwa 3 Minuten braten.

2. Mit so viel Wasser auffüllen, dass das Gemüse bedeckt ist. Aufkochen und bei mittlerer Hitze etwa 25 Minuten köcheln lassen, bis die Kartoffeln weich sind.

3. Die Suppe mit dem Stabmixer fein pürieren, mit reichlich Salz und Pfeffer abschmecken und die Buttermilch unterrühren.

KARTOFFELEINTOPF

1. Das Öl in einem Topf erhitzen. Zwiebel, Kartoffeln und Möhren schälen und würfeln bzw. in Stücke oder Scheiben schneiden und im Öl etwa 3 Minuten anbraten.

2. Mit so viel Wasser auffüllen, dass das Gemüse bedeckt ist. Aufkochen und bei mittlerer Hitze etwa 25 Minuten köcheln lassen, bis das Gemüse weich ist.

3. Den Eintopf mit reichlich Salz und Pfeffer abschmecken. Die Petersilie fein hacken und unterrühren.

- Toppingtipp - *

Apfelrösti und Rosinen

½ Apfel und 1 Kartoffel schälen. Beides mit einer groben Reibe in eine Schüssel raspeln. Mit Salz und Pfeffer würzen. 2 EL Sonnenblumenöl in einer Pfanne erhitzen, die Raspeln zu kleinen Rösti formen und bei mittlerer Hitze von beiden Seiten knusprig braten. 1 EL Rosinen unter die heiße Suppe mischen. Die Apfelrösti getrennt servieren.

- Toppingtipp - **

- Würstchen und Bauernbrot-Croûtons -

2 Scheiben Bauernbrot in 1 cm große Würfel schneiden. 1 TL Sonnenblumenöl in einer Pfanne erhitzen. Die Brotwürfel darin bei mittlerer Hitze knusprig braten. 1 Bauernseufzer (ersatzweise 1 anderes Brühwürstchen) und 1 Wiener Würstchen in dünne Scheiben schneiden. Unter den heißen Kartoffeleintopf mischen. Die Croûtons getrennt dazu servieren, denn sie weichen schnell durch.

Küchenutensilien:

Stabmixer   grobe Reibe

3 x KÜRBISSUPPE

Für jeweils 2 Personen

1 KLASSISCHE KÜRBISSUPPE

2 EL Sonnenblumenöl
½ Hokkaido-Kürbis
1 Zwiebel
½ TL Currypulver
Salz, Pfeffer
1 EL Crème fraîche

2 LINSENCURRY MIT KÜRBIS UND KOKOSMILCH

100 g rote Linsen
1 Grundrezept klassische Kürbissuppe (s. o.)
1 Chilischote
½ TL Currypulver
½ TL gemahlene Kurkuma
150 ml Kokosmilch
2 EL halbierte Rosinen

3 GLASNUDELSUPPE MIT ERDNUSSHÄHNCHEN

1 Grundrezept klassische Kürbissuppe (s. o.)
100 g Glasnudeln
1 Ei
3 EL Mehl
1 Handvoll Koriandergrün
5 EL gehackte Erdnusskerne
1 Hähnchenbrust
Salz
3 EL Sonnenblumenöl

KÜRBISSUPPE

1. Das Öl in einem Topf erhitzen. Kürbis entkernen und in Stücke schneiden, Zwiebel schälen und würfeln und alles im Öl etwa 3 Minuten anbraten.

2. Mit so viel Wasser auffüllen, dass das Gemüse bedeckt ist. Bei mittlerer Hitze etwa 25 Minuten köcheln lassen.

3. Die Kürbissuppe mit dem Stabmixer fein pürieren. Das Currypulver unterrühren, mit Salz und Pfeffer abschmecken. Auf Teller verteilen und je 1 Klecks Crème fraîche daraufgeben.

LINSENCURRY

1. Die Linsen mindestens 2 Stunden in reichlich kaltem Wasser einweichen. Die Kürbissuppe zubereiten, wie im Rezept oben beschrieben, jedoch ohne Crème fraîche.

2. Chilischote entkernen und fein hacken. Mit Linsen, Currypulver, Kurkuma und 150 ml Wasser unter die heiße Suppe rühren. Etwa 10 Minuten köcheln lassen, bis die Linsen weich sind.

3. Kokosmilch und Rosinen einrühren. Suppe weitere 5 Minuten kochen. Auf Teller verteilen.

GLASNUDELSUPPE

1. Die Kürbissuppe zubereiten, wie im Rezept oben beschrieben, jedoch ohne Crème fraîche.

2. Die Glasnudeln etwa 15 Minuten in kaltem Wasser einweichen. Das Ei in einer Schale verquirlen und das Mehl auf einen Teller geben. Koriandergrün und Erdnusskerne fein hacken und ebenfalls auf einen Teller geben.

3. Die Hähnchenbrust in mundgerechte Stücke schneiden, salzen und nacheinander in Mehl, Ei und der Erdnussmischung wenden.

4. Das Öl in einer Pfanne erhitzen. Das Fleisch darin von beiden Seiten knusprig braten, bis es durchgegart ist.

5. Die Glasnudeln unter die Suppe mischen und etwa 5 Minuten mitkochen. Falls nötig, etwas Wasser zugeben. Das Erdnusshähnchen zur Glasnudelsuppe servieren.

FENCHELSALAT

MIT HALLOUMI UND SÜSSEM PUMPERNICKEL

Halloumi ist eine zypriotische Käsespezialität. Er zerläuft nicht beim Braten, sondern behält seine Form und wird dabei außen wunderbar knusprig. In Griechenland kennt man ihn als Teil der traditionellen Vorspeisenplatte, der »Pikilia«. Der Käse ist ein wahrer Verwandlungskünstler und passt zu vielen Gerichten.

Für 2 Personen

2 Handvoll Blattsalate
(z. B. Kopfsalat, Radicchio)
1 Fenchelknolle
2 EL Olivenöl
2 EL Balsamico-Essig
1 TL Senf
2 TL flüssiger Honig
Salz, Pfeffer
3 EL Sonnenblumenöl
2 Scheiben Pumpernickel
3 Zweige Thymian
200 g Halloumi
1 Handvoll Weintrauben

-Schnell-mal-anders-

Fisherman's Salad

Statt Halloumi 2 Lachsfilets in 3 EL Sonnenblumenöl von beiden Seiten anbraten und auf dem Fenchelsalat anrichten.

Fruchtig

1 Handvoll Erdbeeren in dünne Scheiben schneiden, unter den Salat mischen und diesen mit gehackten Walnusskernen bestreuen.

1. Salat in mundgerechte Stücke zerteilen. Fenchelknolle in dünne Scheiben schneiden. Beides auf zwei Teller verteilen.

2. Für das Dressing Olivenöl, Balsamico-Essig, Senf, 1 EL Honig, Salz, Pfeffer und 3 EL Wasser in einer Schale verrühren.

3. In einer Pfanne 1 EL Sonnenblumenöl erhitzen. Den Pumpernickel in etwa 2 cm große Stücke schneiden und darin bei mittlerer Hitze knusprig braten. Thymianblättchen abzupfen. Brotwürfel mit dem restlichen Honig beträufeln und mit dem Thymian bestreuen. Alles auf einen Teller geben.

4. Das restliche Öl in der Pfanne erhitzen. Den Halloumi in etwa 1 cm dicke Scheiben schneiden und im Öl bei mittlerer Hitze von beiden Seiten goldbraun braten.

5. Weintrauben halbieren und mit dem Dressing, Halloumi und Croûtons über dem Salat verteilen. Sofort servieren, da der Halloumi schnell hart wird.

Küchenutensilien:

Pfanne

GRIECHISCHER HIRTENSALAT

Wer diesen Salat zum ersten Mal probiert, ist häufig baff, wie göttlich ein einfacher Tomatensalat schmecken kann. Bei uns zu Hause gab es ihn oft als leichtes Abendessen. Unverzichtbar sind feste, reife Tomaten, echter Schafskäse und guter Oregano. Es lohnt sich, dafür in einen türkischen oder griechischen Feinkostladen zu gehen. Dort findet man nämlich die besten Zutaten für diesen Salat und kauft das Urlaubsfeeling gleich mit ein.

Für 2 Personen

3 Fleischtomaten
1 Gurke
1 grüne Paprikaschote
1 rote Zwiebel
10 schwarze Oliven ohne Stein
4 EL Olivenöl
Salz
200 g Schafskäse
2 TL getrockneter Oregano
Pfeffer

1. Die Tomaten in mundgerechte Stücke schneiden. Die Gurke schälen, waagerecht halbieren und in dünne Scheiben schneiden. Die Paprika in dünne Streifen schneiden. Die Zwiebel schälen und in dünne Ringe schneiden.

2. Die zerkleinerten Zutaten mit Oliven und Olivenöl in eine Schüssel geben, salzen. Den Schafskäse in groben Stücken über den Salat bröckeln. Mit Oregano und etwas Pfeffer bestreuen.

ETWA 00:10

1

SCHARFER FETAKÄSE

MIT OREGANOBROT

Diese Art, Schafskäse zuzubereiten, geht schnell und hinterlässt in der Küche keine große Sauerei. Außerdem werdet ihr beim Öffnen des heißen Päckchens mit einem unglaublichen Duft belohnt. Die frischen Kräuter mit dem würzigen Schafskäse und dem Gemüse sind eine unschlagbare Kombination – egal ob als Vorspeise oder leichtes Hauptgericht.

Für 2 Personen

5 EL Olivenöl
2 Scheiben Schafskäse (je 180 g)
2 TL Chilipaste (z. B. Sambal Oelek)
2 Tomaten
1 grüne Paprikaschote
1 rote Zwiebel
8 schwarze Oliven ohne Stein
2 Zweige Thymian
1 EL getrockneter Oregano
Salz
4 dicke Scheiben Weißbrot

Küchenutensilien:

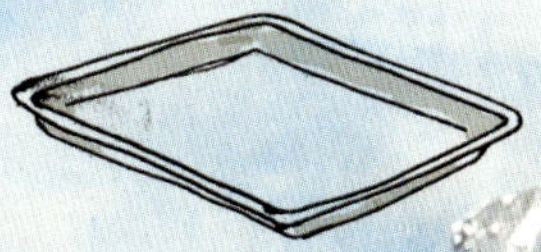

Backblech

1. Den Backofen auf 180 °C Ober-/Unterhitze vorheizen. Ein großes Stück Alufolie in der Mitte mit 1 TL Olivenöl beträufeln. Die Schafskäsescheiben darauflegen und mit der Chilipaste bestreichen.

2. Tomaten und Paprika in dünne Scheiben schneiden. Zwiebel schälen und mit den Oliven in dünne Ringe schneiden. Thymianblättchen abzupfen und mit dem Gemüse über dem Käse verteilen.

3. Die Alufolie fest verschließen, auf ein Backblech legen und in den Ofen schieben. Auf der mittleren Schiene etwa 15 Minuten backen.

4. In der Zwischenzeit das restliche Olivenöl, etwas Oregano und Salz auf das Weißbrot geben.

5. Weißbrot die letzten 5 Minuten mit auf das Backblech legen, damit es knusprig wird. Zusammen mit dem Schafskäse servieren.

ZUCCHINIQUICHE

OHNE BODEN

Das Rezept stammt von der Patentante meiner Schwester – einer fantastischen griechischen Köchin! Mit den Jahren habe ich ihr traditionelles Rezept nach meinen eigenen Vorstellungen ein bisschen abgewandelt. So ist am Ende das Rezept für eine wirklich schnelle, leichte und vor allem richtig leckere Quiche daraus geworden – nur eben ohne Boden.

Für 8 Stücke

5 EL Olivenöl
3 Zucchini
½ Bund Dill
½ Bund Minze
6 EL Mehl
3 Eier
3 EL geriebener Parmesan
Pfeffer

1. Den Backofen auf 180 °C Ober-/Unterhitze vorheizen. Eine Springform (26 cm Ø) mit etwas Olivenöl einfetten. Die Zucchini waagerecht halbieren. Mit einem Gurkenhobel in eine Schüssel hobeln.

2. Dill und Minze fein hacken. Mit Mehl, Eiern, Parmesan, dem restlichen Olivenöl und etwas Pfeffer in der Schüssel vermengen.

3. Die Zucchinimischung in die Springform füllen und glatt streichen. Die Quiche auf der mittleren Schiene etwa 35 Minuten backen.

Serviertipp

Diese Zucchiniquiche schmeckt warm und kalt. Das macht sie zum einen zu einem tollen Picknicksnack. Zum anderen ist sie aber auch ideal, um einen gemütlichen Abend mit Freunden zu verbringen – begleitet von einem Glas Weißwein und knusprigem Weißbrot.

Küchenutensilien:

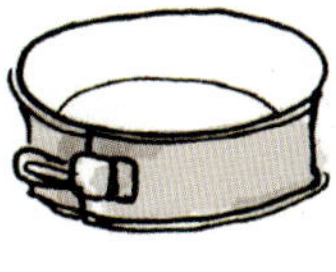

Springform

Gurkenhobel

KÜRBIS-MUFFINS

MIT WALNUSSBUTTER

Im Herbst gibt es für mich nichts Schöneres, als mit Kürbis zu backen. Dabei muss es nicht immer ein süßer Kuchen sein. Auch herzhafte Kürbis-Muffins sind lecker und ruckzuck gemacht. Besonders gut schmecken sie, wenn man sie noch warm mit der schmelzenden Walnussbutter bestreicht. Der Duft, den sie dann verströmen, ist einzigartig: würzig, fruchtig, buttrig – einfach himmlisch.

Für 12 Stück

150 g Hokkaido-Kürbis
2 Eier
3 EL Olivenöl
200 g Naturjoghurt
1 kleine Zwiebel
100 g Mehl
100 g Dinkelvollkornmehl
2 Päckchen Backpulver
Salz, Pfeffer
1 kleine Handvoll Petersilienblättchen
1 Zweig Rosmarin
2 EL Joghurtbutter
2 TL gehackte Walnusskerne

1. Den Backofen auf 180 °C Ober-/Unterhitze vorheizen. Den Kürbis entkernen und mit der Schale raspeln.

2. Eier, Olivenöl und Joghurt in einer Schüssel mit den Rührstäben des Handrührgeräts verrühren. Die Zwiebel schälen und würfeln. Mit dem Kürbis, beiden Mehlsorten, Backpulver, ½ TL Salz und ½ TL Pfeffer zur Eimasse geben. Alles zu einem glatten Teig verrühren.

3. Die Mulden eines Muffinblechs (12 Mulden) mit Papierförmchen auslegen und den Teig darin verteilen. Die Muffins in den Ofen schieben und auf der mittleren Schiene etwa 35 Minuten backen, dann herausnehmen.

4. Für die Walnussbutter Petersilie und Rosmarinnadeln fein hacken. Mit Joghurtbutter, Walnusskernen, Salz und Pfeffer in eine Schale geben. Die Nüsse und Kräuter mithilfe einer Gabel gründlich unter die Butter mischen. Zu den Muffins servieren.

Küchenutensilien:

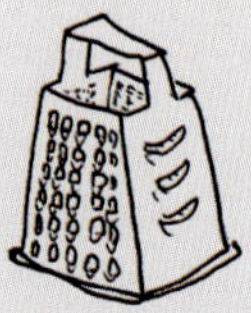

grobe Reibe

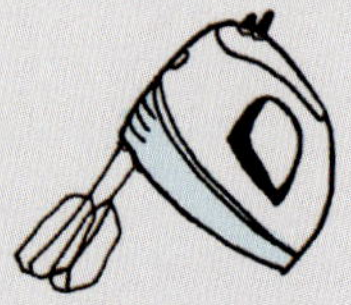

Handrührgerät

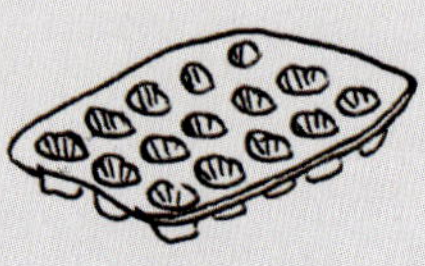

Muffinblech

-Schnell-mal-anders-

Pausensnack

Die Muffins schmecken, mit Käse oder Wurst belegt, auch als Pausenbrote super.

Süße Muffins

Die Zwiebel und den Pfeffer durch 3 EL Zucker und 1 Prise gemahlenen Zimt ersetzen.

GEWUSST WIE

Kein Messbecher zur Hand? Dann das Mehl einfach mit Hilfe einer leeren Tomatendose abmessen. In eine handelsübliche Dose für 400 g Tomaten passen nämlich genau 250 g Mehl.

ETHA 00:25

2

AUBERGINE-ZIEGENKÄSE

TOMATE-MOZZARELLA

SCHAFSKÄSE-OLIVE

3 x BRUSCHETTA

Ob für ein Picknick, als kleine Vorspeise oder als leichtes Abendessen: Bruschetta, also knuspriges Weißbrot belegt mit den unterschiedlichsten Zutaten, schmeckt einfach super – egal ob man alleine, zu zweit oder mit Freunden knuspert.

Für jeweils 2 Personen

GERÖSTETES WEISSBROT
8 Scheiben Weißbrot
Olivenöl

TOMATE-MOZZARELLA
1 rote Zwiebel
3 Tomaten
125 g Mozzarella
½ Bund Basilikum
2 EL Olivenöl
Salz, Pfeffer

AUBERGINE-ZIEGENKÄSE
1 Aubergine
1 Frühlingszwiebel
2 EL Olivenöl
100 g fester Ziegenkäse
3 Zweige Thymian
ein paar Petersilienblättchen
Salz, Pfeffer

SCHAFSKÄSE-OLIVE
1 grüne Chilischote
2 Zweige Rosmarin
ein paar Petersilienblättchen
200 g Schafskäse
150 g grüne Oliven ohne Stein

Etwas Olivenöl in einer Pfanne erhitzen und das Brot darin von beiden Seiten goldbraun braten.

TOMATE-MOZZARELLA

Weißbrot rösten wie oben beschrieben. Zwiebel schälen. Tomaten, Zwiebel und Mozzarella fein würfeln. Basilikum fein hacken und mit Mozzarella, Tomaten und Zwiebeln, Olivenöl, Salz und Pfeffer in eine Schüssel geben und gut vermischen. Auf die gerösteten Brotscheiben geben. Sofort servieren.

AUBERGINE-ZIEGENKÄSE

Weißbrot rösten wie oben beschrieben. Die Aubergine in kleine Würfel und die Frühlingszwiebel in dünne Ringe schneiden. Das Olivenöl in einer Pfanne erhitzen und die Auberginenwürfel etwa 3 Minuten anbraten. Ziegenkäse in kleine Würfel schneiden, Thymianblättchen abzupfen und Petersilie fein hacken. Alles unter die heißen Auberginenwürfel mischen. Mit Salz und Pfeffer abschmecken. Auf die gerösteten Brotscheiben geben. Sofort servieren.

SCHAFSKÄSE-OLIVE

Weißbrot rösten wie oben beschrieben. Chilischote entkernen und grob hacken, Rosmarinnadeln abzupfen und Petersilie grob hacken. Mit Schafskäse und Oliven in ein hohes Gefäß geben und mit dem Stabmixer fein pürieren. Auf die gerösteten Brotscheiben streichen. Sofort servieren.

Küchenutensilien:

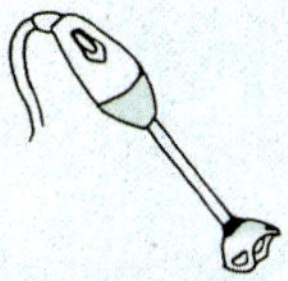

Stabmixer

3 X FLAMMKUCHEN

Für jeweils 1 Person

GRUNDREZEPT FLAMMKUCHEN
150 g Mehl
2 EL Sonnenblumenöl
1 Prise Salz

1. Backofen auf 220 °C Ober-/Unterhitze vorheizen. Mehl, Öl, Salz und 8 EL Wasser in eine Schüssel geben. Alles zu einem festen Teig verkneten.

2. Den Teig auf Backpapier dünn ausrollen, mit dem Papier auf ein Backblech ziehen und nach Wunsch (siehe rechte Seite) belegen.

3. Den Flammkuchen auf der mittleren Schiene etwa 10 Minuten backen.

Für jeweils 1 Person

ZWIEBELKUCHEN MIT SPECK

1 Flammkuchenteig nach dem Grundrezept
3 EL Crème fraîche
Salz, Pfeffer
1 Zwiebel
2 Scheiben Speck

APRIKOSENKUCHEN

1 Flammkuchenteig nach dem Grundrezept
2 EL Frischkäse
2 TL Honig
3 Aprikosen
2 EL Mandelblättchen
2 Zweige Rosmarin

FLAMMKUCHEN MIT SCHAFSKÄSE UND TRAUBEN

1 Flammkuchenteig nach dem Grundrezept
100 g Schafskäse
15 Weintrauben
4 Zweige Thymian

ZWIEBELKUCHEN MIT SPECK

1. Flammkuchenteig zubereiten und ausrollen, wie beim Grundrezept links beschrieben.

2. Crème fraîche, Salz und Pfeffer in einer Schale vermischen und auf dem Teig verstreichen. Zwiebeln schälen und in dünne Ringe schneiden, Speck würfeln und beides auf dem Fladen verteilen. Backen wie links beschrieben.

APRIKOSENKUCHEN

1. Flammkuchenteig zubereiten und ausrollen, wie beim Grundrezept links beschrieben.

2. Frischkäse und Honig in einer Schale vermischen und auf dem Teig verstreichen. Aprikosen entsteinen, in dünne Scheiben schneiden und auf dem Frischkäse verteilen. Flammkuchen 5 Minuten backen wie links beschrieben. Die Mandeln und den Rosmarin darauflegen und weitere 5 Minuten backen.

SCHAFSKÄSE UND TRAUBEN

1. Flammkuchenteig zubereiten und ausrollen, wie beim Grundrezept links beschrieben.

2. Schafskäse zerbröseln, Weintrauben halbieren, Thymianblättchen abzupfen. Den Teig mit Schafskäse und Trauben belegen. Beides leicht festdrücken und 5 Minuten backen wie links beschrieben. Mit dem Thymian bestreuen und weitere 5 Minuten backen.

WRAP IT!

GESUND UND LECKER

Damit die Wraps nicht zu fettig werden, in Wasser eingelegten Thunfisch verwenden.

Für jeweils 2 Personen

TOMATE-MOZZARELLA-BASILIKUM-WRAP

1 Schälchen Kresse
½ Bund Basilikum
4 EL Frischkäse
Salz, Pfeffer
2 Tortilla-Wraps
1 Tomate
125 g Mozzarella

FISHERMAN'S WRAP

1 Möhre
3 EL Naturjoghurt
Salz, Pfeffer
2 Tortilla-Wraps
4 Blätter Radicchio
1 Paprikaschote
1 rote Zwiebel
1 Dose Thunfisch

CAESAR'S AVOCADO WRAP

2 EL Sonnenblumenöl
1 Scheibe Toast
½ Avocado
1 TL Zitronensaft
4 EL Magerquark
1 Hähnchenbrust
Salz, Pfeffer
2 Tortilla-Wraps
4 Blätter Eisbergsalat
2 EL geriebener Parmesan

Küchenutensilien:

feine Reibe

TMB-WRAP

1. Den Backofen auf 120 °C Ober-/Unterhitze vorheizen. Kresse abschneiden und beiseite stellen. Basilikum fein hacken und mit Frischkäse, Salz und Pfeffer in einer Schale vermischen.

2. Die Wraps auf einen Rost legen und auf der mittleren Schiene des Backofens etwa 3 Minuten backen. Herausnehmen und mit dem Basilikumfrischkäse bestreichen.

3. Tomate und Mozzarella in dünne Scheiben schneiden. Beides in einer senkrechten Linie auf dem Wrap verteilen und die Kresse darüberstreuen. Das untere Ende des Wraps einklappen und dann den Wrap von links nach rechts aufrollen.

FISHERMAN'S WRAP

1. Den Backofen auf 120 °C Ober-/Unterhitze vorheizen. Möhre schälen und fein raspeln. Mit Joghurt, etwas Salz und Pfeffer in einer Schale vermischen.

2. Die Wraps auf einen Rost legen und auf der mittleren Schiene des Backofens etwa 3 Minuten backen. Herausnehmen und mit dem Möhrenjoghurt bestreichen. Radicchio in feine Streifen schneiden, Paprika würfeln, Zwiebeln schälen und in Ringe schneiden. Alles mit dem Thunfisch auf den Wrap legen und aufrollen.

CAESAR'S AVOCADO WRAP

1. Den Backofen auf 120 °C Ober-/Unterhitze vorheizen. Eine Pfanne mit 1 EL Öl erhitzen. Toast in 2 cm dicke Streifen schneiden und im Öl bei mittlerer Hitze von allen Seiten leicht braun und knusprig braten.

2. Die Avocado schälen, vom Kern lösen und in eine Schale geben. Mit einer Gabel zerdrücken und Zitronensaft und Quark unterrühren. Das restliche Öl in der Pfanne erhitzen und das Fleisch darin bei mittlerer Hitze von allen Seiten anbraten. Mit Salz und Pfeffer würzen.

3. Die Wraps auf einen Rost legen und auf der mittleren Schiene des Backofens etwa 3 Minuten backen. Herausnehmen und mit der Avocadocreme bestreichen. Salatblätter in dünne Streifen und Hähnchenbrust in dünne Scheiben schneiden. Wraps mit Brotsticks, Parmesan, Hähnchenstreifen und Salat belegen und aufrollen.

DOPPELDECKER-SANDWICH

Belegte Brote essen wir fast täglich. Sie sind schnell zuzubereiten, preiswert und machen satt. Aber an manchen Tagen muss es einfach mehr sein: Ein Doppeldecker-Sandwich, das kaum in den Mund passt und aus dem die Sauce beim Reinbeißen nur so rausquillt. Herrlich!

Für 1 Person

1 EL Frischkäse
1 TL Senf
2 TL Ketchup
1 EL Sonnenblumenöl
1 Hähnchenbrust
Salz, Pfeffer
3 Scheiben Frühstücksspeck
3 Scheiben Weißbrot
1 Tomate
80 g Camembert
4 Blätter Friséesalat

1. Frischkäse, Senf und Ketchup in einer Schale vermischen. Das Öl in einer Pfanne erhitzen. Das Fleisch waagerecht in zwei dünne Scheiben schneiden und im Öl bei mittlerer Hitze von beiden Seiten anbraten, mit Salz und Pfeffer würzen und beiseitestellen. In derselben Pfanne den Speck bei mittlerer Hitze knusprig braten.

2. 1 Scheibe Weißbrot mit der Frischkäsemischung bestreichen. Tomate und Camembert in Scheiben schneiden. Etwas Salat, Tomaten und Hähnchenbrust auf dem Frischkäse verteilen und mit einer weiteren Brotscheibe abdecken.

3. Die obere Brotscheibe mit Frischkäse bestreichen und mit dem restlichen Salat, dem Camembert und dem Speck belegen. Die letzte Weißbrotscheibe ebenfalls mit Frischkäse bestreichen. Mit der bestrichenen Seite nach unten auf das Sandwich legen. Etwas andrücken.

RÄUCHERLACHS-BAGEL

Für 2 Personen

⅓ Salatgurke
½ Bund Schnittlauch
3 EL Magerquark
1 TL Meerrettich
Salz und 1 Prise Pfeffer
2 Bagel
4 Blätter Friséesalat
6 Scheiben Räucherlachs

Gurke fein würfeln, Schnittlauch in Röllchen schneiden und beides mit Quark, Meerrettich, Salz und Pfeffer in einer Schale vermischen. Bagel waagerecht halbieren, Salat, Meerrettichquark und Räucherlachs auf der unteren Hälfte verteilen und die obere Hälfte darüberklappen.

ETWA 00:15

1

Papas Spezialtipp

Die Tortilla schmeckt mit etwas klein geschnittenem Kochschinken oder scharfer spanischer Paprikawurst (Chorizo), die man unter die Eiermasse hebt, besonders herzhaft.

PAPAS TORTILLA

Als ich klein war, waren wir oft bei meiner Großtante Mari zum Essen eingeladen. Sie ist eine grandiose Köchin und waschechte Spanierin. Vor allem ihre Kartoffeltortilla hatte es uns angetan. Auch mein Papa schafft es inzwischen, seine Tortilla immer perfekt zu braten. Sein Geheimnis? Der Kern der Tortilla muss ein ganz klein wenig flüssig sein!

Für 1 Person

2 große Kartoffeln
1 Zwiebel
3 EL Sonnenblumenöl
Salz, Pfeffer
3 Eier

1. Die Kartoffeln schälen, vierteln und in dünne Scheiben schneiden. Die Zwiebel schälen, vierteln und in dünne Ringe schneiden. Das Öl in einer Pfanne erhitzen und die Kartoffeln bei mittlerer Hitze in etwa 7 Minuten leicht braun braten. Falls nötig noch etwas Öl zugeben.

2. Die Zwiebeln dazugeben und alles weitere 4 Minuten braten. Kartoffeln und Zwiebel in eine Schüssel geben. Salzen, pfeffern, die Eier dazugeben und gut unterrühren.

3. Die Pfanne erneut erhitzen, die Kartoffel-Ei-Mischung hineinschütten, gut verteilen und bei mittlerer Hitze etwa 5 Minuten stocken lassen. Dabei mit einer Gabel immer den Boden der Tortilla etwas einreißen, damit die Eier besser stocken können.

4. Die Pfanne mit einem großen Teller abdecken, die Tortilla kopfüber auf den Teller stürzen und wieder in die Pfanne gleiten lassen. Die Tortilla auch von der anderen Seite goldbraun braten.

3 ETWA 00:30 €

RATATO

Ratatouille ist ein klassisches französisches Gemüsegericht. Es zeigt auf die schönste Weise, wie man aus einfachen Zutaten ein wunderbares Schmorgericht macht, das super schmeckt, schnell zubereitet ist und wenig kostet. Wenn man, so wie ich, das traditionelle Rezept ein bisschen erweitert und Kartoffeln hinzufügt, erhält man ein leichtes Hauptgericht, das richtig satt macht.

Für 2 Personen

2 Zucchini
2 Kartoffeln
2 Paprikaschoten
1 Zwiebel
½ Bund Petersilie
⅓ Dose passierte Tomaten (etwa 130 g)
2 EL Olivenöl
je ½ TL Salz und Pfeffer

1. Den Backofen auf 180 °C Ober-/Unterhitze vorheizen. Die Zucchini in etwa 1 cm dicke Scheiben schneiden. Die Kartoffeln schälen und in dünne Spalten schneiden. Die Paprika in mundgerechte Stücke schneiden. Die Zwiebel schälen und in dünne Scheiben schneiden. Petersilie hacken.

2. Gemüse, passierte Tomaten, Petersilie, Olivenöl, Salz und Pfeffer in eine Auflaufform (15 x 25 cm) geben und mit den Händen gut vermischen. Auf der mittleren Schiene etwa 50 Minuten backen.

-Schnell-mal-anders-

For Meatlovers

Frikadellen dazu servieren.

Schafskäse

Etwa 20 Minuten vor Ende der Garzeit 100 g zerbröselten Schafskäse über dem Auflauf verteilen.

Gemüse satt

Ratatouille kann, je nach Jahreszeit, mit den unterschiedlichsten Gemüsesorten zubereitet werden. Zum Beispiel im Sommer mit Auberginen, im Herbst mit Kürbis und im Winter mit Blumenkohl.

Küchenutensilien:

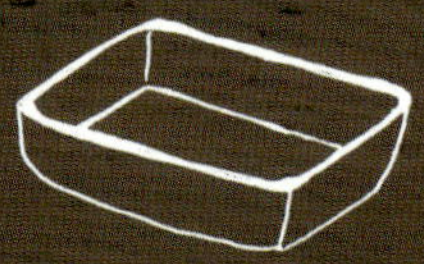

Auflaufform

ETWA 00:15

1

UILLE

GRATIN

Kartoffelgratin ist für mich der König der Aufläufe! Denn es wird mit günstigen Zutaten zubereitet und landet mit wenigen Handgriffen backfertig in der Auflaufform. Die knusprige Käseschicht, die sämigen Kartoffeln und der würzige Lauch sind ein wahrer Hochgenuss!

Für 2 Personen

KARTOFFELGRATIN

700 g Kartoffeln
1 Stange Lauch
1 EL Sonnenblumenöl
150 g Kochsahne
150 ml Milch
1 Prise geriebene Muskatnuss
Salz, Pfeffer
4 EL geriebener Emmentaler

ROSENKOHLGRATIN MIT HASELNUSSKRÜMELKRUSTE

500 g kleine Kartoffeln
1 Scheibe Vollkorntoast
1 EL gemahlene Haselnusskerne
2 EL geriebener Bergkäse
500 g Rosenkohl
Salz, Pfeffer
150 g Kochsahne

Küchenutensilien:

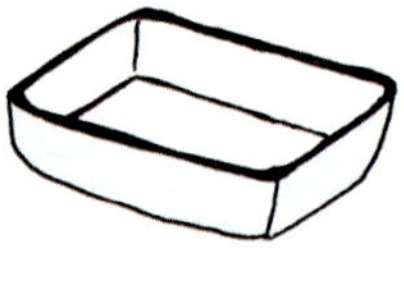
Auflaufform

feine Reibe

KARTOFFELGRATIN

1. Kartoffeln kochen, schälen, auskühlen lassen und in grobe Stücke schneiden. Den Backofen auf 180 °C Ober-/Unterhitze vorheizen. Den Lauch, in dünne Ringe schneiden.

2. Das Öl in einer Pfanne erhitzen und den Lauch etwa 3 Minuten anbraten. Kartoffeln, Sahne und Milch in die Pfanne geben und untermischen.

3. Die Lauch-Kartoffeln mit 1 Prise Muskatnuss, Salz und Pfeffer abschmecken und in eine Auflaufform (15 x 25 cm) geben. Mit Käse bestreuen und auf der mittleren Schiene etwa 30 Minuten überbacken.

ROSENKOHLGRATIN

1. Kartoffeln kochen, schälen und auskühlen lassen. Das Toastbrot mit einer feinen Reibe in eine Schale reiben, mit den Haselnüssen und dem Käse vermischen.

2. Den Rosenkohl, am Strunk kreuzförmig einritzen und in einen großen Topf mit kochendem Salzwasser geben. Etwa 10 Minuten bei mittlerer Hitze garen. Den Backofen auf 180 °C Ober-/Unterhitze vorheizen.

3. Kartoffeln und Rosenkohl halbieren. Abwechselnd ziegelförmig in eine Auflaufform (15 x 25 cm) schichten und mit Salz und Pfeffer würzen. Die Sahne über das Gemüse gießen und alles mit den Haselnusskrümeln bestreuen. Salzen und pfeffern. Auf der mittleren Schiene etwa 35 Minuten überbacken.

€ ETWA 00:25 1

GEFÜLLTES GEMÜSE

Mit Reis gefülltes Gemüse ist in Griechenland ein traditionelles Gericht, für das jede Familie ihr eigenes Rezept hat. Bei uns zu Hause gab es »Gemista« oft, wenn Gäste zu Besuch kamen. Diese waren immer von der einfachen Zubereitung und dem Geschmack begeistert. Das geschmorte Gemüse sieht toll aus, wenn es dampfend aus dem Ofen kommt und riecht durch die vielen Kräuter einfach himmlisch.

Für 3 Personen

3 Zucchini
3 Fleischtomaten
3 Paprikaschoten
1 Zwiebel
3 Kartoffeln
2 EL Olivenöl
1 Dose passierte Tomaten (400 g)
250 g Reis
½ Bund Petersilie
½ Bund Dill
½ Bund Minze
Salz, Pfeffer
1 EL geriebener Parmesan

GEWUSST WIE

Die Tomaten höhlt man aus, indem man den Deckel abschneidet, das Fruchtfleisch mit einem Messer einschneidet und mit einem Teelöffel herausholt. Für das Aushöhlen der Zucchini eignet sich auch ein Apfelausstecher.

1. Die Zucchini mit einem Löffel aushöhlen und das Fruchtfleisch klein schneiden. Von den Tomaten Deckel abschneiden und das Innere aushöhlen. Von den Paprikaschoten Deckel abschneiden, das Innere von Kernen und Scheidewänden befreien. Die Zwiebel schälen und würfeln. Kartoffeln schälen und vierteln. Die Gemüsedeckel und das Tomaten- und Zucchinifleisch aufbewahren.

2. Das Öl in einer Pfanne erhitzen. Zucchinifleisch und Zwiebel etwa 3 Minuten anbraten. Tomatenfruchtfleisch, die passierten Tomaten, dieselbe Menge an Wasser (1 Dose) und den Reis zum Gemüse geben. Alles bei mittlerer Hitze etwa 15 Minuten einkochen.

3. Den Backofen auf 180 °C Ober-/Unterhitze vorheizen. Die Kräuter hacken, unter den Reis mischen. Die Füllung mit Salz und Pfeffer abschmecken. Das ausgehöhlte Gemüse und die Kartoffeln in einer Auflaufform verteilen. Das Gemüse füllen. Tomaten und Paprikaschoten wieder mit ihren Deckeln verschließen.

4. Die restliche Füllung in der Auflaufform (15 x 25 cm) verteilen. Der Boden der Auflaufform sollte dünn mit Flüssigkeit bedeckt sein. Wenn nötig, etwas Wasser dazugeben. Den Parmesan über das Gemüse streuen. Auf der mittleren Schiene etwa 45 Minuten backen.

Küchenutensilien:

Auflaufform

ETWA 00:40

2

BRAIN

Das Gehirn ist im Studienalltag unser wichtigstes Werkzeug. Während des Semesters muss es tagtäglich auf Hochtouren arbeiten, deshalb sollten wir es hegen und pflegen. Zu wenig Wasser, Schlafmangel, Stress und einseitige Ernährung beeinflussen unser Denkvermögen negativ. Eine ausgewogene Ernährung hilft dagegen, unsere Gehirnleistung auf Höchstniveau zu bringen. Nicht umsonst gelten Nüsse und Trockenfrüchte als optimales Studentenfutter, da sie das Hirn optimal mit Nährstoffen versorgen. Im folgenden Kapitel finden sich deshalb zahlreiche Rezepte, die gespickt sind mit Nüssen, Hülsenfrüchten, Fisch, Geflügel und Chili. Warum Chili? Ganz einfach: Die Schärfe der feurigen Schoten kurbelt unsre grauen Zellen an – und gleichzeitig macht sie gute Laute!

FOOD

Rosmarin

–

hervorragend zu Kartoffeln und Fleisch. Vorsicht: Verbrannter Rosmarin schmeckt bitter.

Salbei

–

in etwas zerlassener Butter geschwenkt perfekt für Kartoffelnocken oder Pasta.

Lorbeerblätter

–

in herzhaften Fleischgerichten mitgaren und vor dem Essen entfernen.

Oregano

–

im Tomatensalat oder zu Schafskäse besonders gut.

Thymian

–

mein Lieblingskraut! Über warme Pasta streuen und genießen.

Basilikum

–

unerlässlich für Pesto, Pastasaucen, mediterrane Dips und Sommersalate.

Dill

–

lecker in Salatdressings und Kräuterquark, aber auch in warmen Gemüsegerichten.

Minze

–

bringt den Sommer in Salate, Dips und Gemüsegerichte

Gewürznelken

–

verwandeln Süßspeisen in Weihnachtsleckereien.

Muskatnuss

–

eine Prise davon verfeinert Gemüsegerichte mit Kürbis, Spinat oder Kohl.

Piment

–

gibt Hackfleischsaucen und Fleischeintöpfen eine besondere Note.

Sternanis

–

egal, ob mit Milchprodukten oder zur Tomatensauce: für mich der König unter den duftenden Gewürzen.

Vanilleschote

–

Aromawunder für Puddings, Parfaits und Kuchen.

Koriandergrün

–

peppt Asiatisches, Eintöpfe und Suppen ruckzuck auf.

Glatte Petersilie

–

verfeinert auch optisch jedes Gericht.

Zimt

–

verleiht Desserts und herzhaften Fleischsaucen ein einmaliges Aroma.

MAROKKANISCHER COUSCOUSSALAT

MIT LIMETTENJOGHURT

Für 2 Personen

150 g Instant-Couscous
1 Aubergine
1 Paprikaschote
1 rote Zwiebel
1 EL Olivenöl
½ Bund Koriandergrün
½ Granatapfel
Salz, Pfeffer
1 Bio-Limette
150 g Naturjoghurt
1 TL Honig

ETWA 00:20

1

1. Den Couscous in eine Schüssel geben, mit 150 ml kochendem Wasser übergießen, umrühren und etwa 10 Minuten quellen lassen.

2. In der Zwischenzeit Aubergine und Paprika in kleine Würfel schneiden. Die Zwiebel schälen, vierteln und in dünne Ringe schneiden.

3. Das Öl in einer Pfanne erhitzen und die Aubergine etwa 2 Minuten bei mittlerer Hitze anbraten.

4. Koriandergrün fein hacken, Granatapfelkerne auslösen. Aubergine, Paprika, Zwiebel, Koriander und Granatapfelkerne unter den Couscous mischen. Alles mit Salz und Pfeffer abschmecken.

5. Schale der Limette abreiben, mit dem Naturjoghurt und dem Honig vermischen und zum Couscous servieren.

SERVIERTIPP

Die Kichererbsensuppe schmeckt besonders lecker mit 1 Spritzer frischem Zitronensaft.

KICHERERBSEN-SUPPE

MIT PITABROT

Als ich klein war, habe ich jede einzelne Kichererbse aus der Suppe gefischt, aus ihrer dünnen Haut gepellt und dann erst gegessen. Heute bin ich nicht mehr so heikel und finde, dass Kichererbsen eine super Wahl sind, wenn man Lust auf etwas Gesundes hat. Zusammen mit dem warmen Pitabrot macht die Suppe richtig satt und schmeckt köstlich.

Für jeweils 2 Personen

KICHERERBSENSUPPE
200 g getrocknete Kichererbsen
2 Kartoffeln
1 Möhre
2 Stangen Staudensellerie
1 Zwiebel
1 TL Salz

PITABROT
150 g Mehl
½ TL Backpulver
½ TL Salz
2 EL Sonnenblumenöl

QUICK TIPP

Statt getrockneter Kichererbsen einfach 1 Dose vorgekochte Kichererbsen (400 g) verwenden: Dazu das Gemüse mit Wasser und Salz etwa 20 Minuten köcheln lassen, dann die Kichererbsen dazugeben. Alles noch einmal 10 Minuten köcheln lassen.

KICHERERBSENSUPPE

1. Die Kichererbsen über Nacht in reichlich kaltem Wasser einweichen.

2. Kartoffeln, Möhre, Sellerie und Zwiebel schälen. Die Kartoffeln achteln und die Möhre in dünne Scheiben schneiden. Die Zwiebel vierteln und den Sellerie in kleine Stücke zerteilen.

3. Einen Topf mit Wasser zum Kochen bringen. Die Kichererbsen darin etwa 15 Minuten köcheln lassen. Dabei den entstehenden Schaum mit einem Schöpflöffel abschöpfen.

4. Das Kochwasser abgießen. Kichererbsen wieder in den Topf geben. Mit so viel Wasser auffüllen, dass die Kichererbsen etwa 7 cm damit bedeckt sind und aufkochen. Kartoffeln, Möhre, Sellerie, Zwiebel und Salz dazugeben. Die Suppe bei mittlerer Hitze etwa 45 Minuten köcheln lassen.

PITABROT

1. Mehl, Backpulver, Salz und 8 EL Wasser in einer Schüssel zu einem festen Teig verkneten. Aus dem Teig mit den Händen einen dünnen Fladen formen. Von beiden Seiten mit einer Gabel etwa 15-mal einstechen.

2. Das Öl in einer Pfanne erhitzen, das Pitabrot hineingeben und bei mittlerer Hitze in etwa 5 Minuten auf beiden Seiten goldbraun braten. Noch warm zur Kichererbsensuppe servieren.

»OMA, OPA UND KLEIN-PAPA BEI IHRER LIEBLINGSBESCHÄFTIGUNG: ESSEN, REDEN UND VIEL LACHEN! ABER WAS MACHT OPA DA MIT SEINER WANGE?« *Nürnberg, Deutschland 1965*

In meiner Kindheit hat meine Oma oft Spinatreis gekocht – und ich fand ihn schrecklich! Damals konnte ich frischem Spinat einfach nichts abgewinnen. Heute hingegen liebe ich das grüne Blattgemüse in jeder erdenklichen Zubereitungsweise. Und natürlich ganz besonders Omas fruchtigen Spinatreis mit viel frischem Dill!

SPINATREIS

MIT GEBACKENEM SCHAFSKÄSE

Für 2 Personen

4 EL Olivenöl
1 Zwiebel
500 g Spinat
120 g Reis
1 Dose passierte Tomaten (400 g)
150 g Schafskäse
2 EL Mehl
2 EL Semmelbrösel
1 Ei
½ Bund Dill
Salz, Pfeffer

1. 1 EL Olivenöl in einem Topf erhitzen. Die Zwiebel schälen, würfeln und darin glasig dünsten. Den Spinat nach und nach dazugeben und mitgaren, bis er zusammenfällt.

2. Den Reis unterrühren. Alles mit den passierten Tomaten und 400 ml Wasser ablöschen. Den Spinatreis bei mittlerer Hitze und unter gelegentlichem Rühren etwa 20 Minuten köcheln lassen.

3. In der Zwischenzeit den Schafskäse in 2 cm große Würfel schneiden. Mehl und Semmelbrösel auf zwei Teller geben und das Ei in einer Schale verquirlen. Die Schafskäsewürfel pfeffern und nacheinander in Mehl, Ei und Semmelbröseln wenden.

4. Das restliche Olivenöl in einer Pfanne erhitzen. Die Schafskäsewürfel darin bei mittlerer Hitze von allen Seiten goldbraun braten.

5. Den Dill hacken und unter den fertigen Spinatreis heben. Mit Salz und Pfeffer abschmecken. Auf Teller verteilen und mit den heißen Schafskäsewürfeln servieren.

GRÜNE BOHNEN

MIT TOMATEN, KARTOFFELN UND MÖHREN

Früher konnte ich Bohnen genauso wenig ausstehen wie Spinat. Heute liebe ich sie dafür umso mehr. Vor allem die breiten Grünen Bohnen, die man blitzschnell zubereiten kann. Eins darf zu diesem griechischen Bohneneintopf nicht fehlen: Weißbrot! Denn erst das knusprige Brot, in kleine Stücke gebrochen und in die Sauce getunkt, macht die Bohnen zu etwas ganz Besonderem.

Für 2 Personen

500 g Grüne Bohnen
1 Zwiebel
1 Möhre
2 EL Olivenöl
2 Kartoffeln
4 Knoblauchzehen, geschält
1 Dose Pizza-Tomaten (400 g)
½ Bund Petersilie
½ Bund Dill
Salz, Pfeffer
Weißbrot (s. rechts)

1. Spitze und Stielansatz der Bohnen abschneiden, Bohnen halbieren. Die Zwiebel schälen, halbieren und in dünne Scheiben schneiden. Die Möhre in dünne Scheiben schneiden.

2. Das Olivenöl in einem Topf erhitzen. Zwiebelscheiben darin glasig braten. Kartoffeln schälen und vierteln und mit den Bohnen, Möhrenscheiben und Knoblauch ebenfalls in die Pfanne geben. Alles kurz anbraten und mit den Pizza-Tomaten ablöschen. Mit so viel Wasser auffüllen, dass die Bohnen fast völlig davon bedeckt sind. Bei mittlerer Hitze etwa 40 Minuten köcheln lassen. Ab und zu umrühren.

3. Petersilie und Dill fein hacken und kurz vor dem Servieren unter die Bohnen heben. Alles mit Salz und Pfeffer abschmecken. Auf Teller verteilen und Weißbrot dazu reichen.

WEISSBROT

Für 1 kg Brot

1 Würfel frische Hefe
1 kg Mehl
2 EL Zucker
2 EL Salz

1. Die Hefe in 620 ml warmem Wasser auflösen. Mehl, Zucker und Salz in einer Schüssel vermischen, das Hefewasser dazugeben. Alles mit den Händen zu einem festen Teig verkneten. Mit einem Tuch abdecken und den Teig an einem warmen Ort etwa 20 Minuten gehen lassen.

2. Den Backofen auf 180 °C Ober-/Unterhitze vorheizen. Ein Backblech bemehlen. Den Teig zu einem Laib formen und auf der Oberseite ein paarmal einritzen. Aufs Blech legen und auf der mittleren Schiene etwa 45 Minuten backen. Das Brot ist fertig, wenn es beim Klopfen auf die Unterseite hohl klingt.

Küchenutensilien:

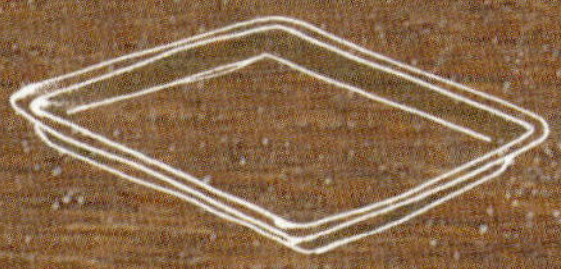

Backblech

GEWUSST WIE

1. Wenn man das Huhn vor dem Kochen häutet, wird die Suppe nicht so fettig.

2. Bereitet man Hühnersuppe nur für 1 Person zu, kann man 1 Hühnerkeule nehmen und diese mit dem Gemüse etwa 40 Minuten kochen. (Wer lieber Brustfleisch mag, 1 Hühnerbrust 20 Minuten kochen.)

HÜHNERSUPPE

Wer kennt das nicht: Die Prüfungen stehen vor der Tür, man will sich in Hochform bringen, richtig pauken und dann – wird man krank! Husten, Grippe, Heiserkeit verbreiten sich vor allem im Winter in Windeseile durch zugige Bibliotheken und Hörsäle. Da hilft nur eins: Eine heiße, selbst gemachte Hühnersuppe schlürfen, die richtig lecker schmeckt und einen wieder auf Trab bringt!

Für 4 Personen

1 küchenfertiges Suppenhuhn (etwa 1 kg)
4 Möhren
4 Kartoffeln
1 Zwiebel
1 TL Salz
200 g Suppennudeln

1. Das Huhn waschen. Die Haut an der Brustseite längs einritzen und abziehen. Auch die restliche Haut so abziehen.

2. Das Huhn in einen großen Topf geben. Wasser dazugießen, bis das Huhn vollständig bedeckt ist, und zum Kochen bringen.

3. Die Möhren schälen und in dicke Stifte schneiden. Die Kartoffeln schälen und vierteln, die Zwiebel schälen. Möhrenstifte, Kartoffelviertel, Zwiebel mit dem Salz ins kochende Wasser geben. Die Suppe bei mittlerer Hitze etwa 1 Stunde köcheln lassen. In den letzten 10 Minuten die Nudeln dazugeben und mitkochen.

4. Das Huhn aus der Suppe nehmen, etwas auskühlen lassen und das Fleisch von den Knochen lösen, eventuell klein schneiden. Das Hühnerfleisch auf Teller verteilen und die Suppe darübergeben.

SERVIERTIPP

Das Fleisch klein schneiden, Möhren und Karoffeln zerdrücken, alles mit der Nudelbrühe aufgießen: So schmeckt die Suppe besonders lecker!

€ ETWA 00:25 2

LACHS

AUS DER ALUFOLIE

Fisch in der Alufolie zu garen ist einfach klasse. Der Lachs wird besonders saftig und zart, und die Wohnung mieft nicht noch Stunden später nach Fisch. Außerdem ist die Zubereitung schnell erledigt. Ganz entspannt kann man dem Fisch beim Garen im Ofen zugucken.

Für 2 Personen

2 küchenfertige Lachsfilets (à etwa 250 g)
Salz
1 Stange Lauch
2 Möhren
3 EL Olivenöl
Pfeffer
1 EL Zitronensaft

1. Den Backofen auf 180 °C Ober-/Unterhitze vorheizen. Den Fisch waschen, trockentupfen und salzen. Den Lauch in dünne Ringe schneiden. Die Möhren schälen und in kurze, dünne Stifte schneiden.

2. In einer Pfanne 2 EL Olivenöl erhitzen. Das Gemüse bei mittlerer Hitze darin etwa 5 Minuten anbraten. Vom Herd nehmen, mit etwas Salz und Pfeffer würzen.

GEWUSST WIE

Wichtig ist, dass kein Wasser ins Päckchen gelangt. Deshalb sollten die Ränder der Alufolie ringsherum gut zusammengedrückt werden.

ETWA 00:20

2

3. 1 EL Olivenöl in die Mitte eines großen Stücks Alufolie geben. Die Lachsfilets darauflegen und mit Zitronensaft beträufeln. Das Gemüse über dem Fisch verteilen.

4. Die Alufolie zu einem Päckchen verschließen. Ein Backblech mit so viel Wasser füllen, dass der gesamte Boden davon bedeckt ist, und das Alupäckchen hineinlegen. Den Fisch auf der mittleren Schiene etwa 20 Minuten garen.

Küchenutensilien:

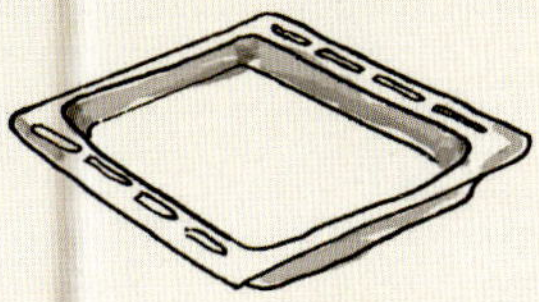

Backblech mit hohem Rand

SAUCENTIPP

Den Fisch-Gemüse-Sud aus der Alufolie nach dem Anrichten in einen kleinen Topf schütten und erhitzen. 4 EL Kochsahne und 1 TL kalte Butter dazugeben, alles ein paar Minuten bei mittlerer Hitze einkochen. Über den Fisch geben.

KLEINE REIS-KOCH-SCHULE

Oft verkocht Reis im heißen Wasser oder klebt am Topfboden. Das alles lässt sich durch die einfache Quellmethode verhindern. Und das Beste: Während der Reis gart, kann man sich schon um die restlichen Zutaten kümmern.

Für jeweils 2 Personen

Grundrezept Reis
1 Tasse Reis (etwa 150 g)
½ TL Salz

Reis, Salz und 2 Tassen Wasser in einen Topf geben und aufkochen. Noch einmal umrühren, den Deckel auf den Topf legen und den Herd ausschalten. Den Reis etwa 20 Minuten auf der Herdplatte ausquellen lassen. Naturreis braucht etwas länger – einfach zwischendurch probieren.

GEBRATENER BASMATIREIS

MIT SCHWARZEN LINSEN, ROSINEN UND NÜSSEN

100 g schwarze Linsen (Belugalinsen)
2 TL Butter
3 EL Rosinen
2 EL Cashewkerne
150 g gegarter Basmatireis (Rezept s. o.)
Salz, Pfeffer

1. Die Linsen in kochendem Wasser in etwa 15 Minuten bissfest garen und abgießen.

2. Die Butter in einer Pfanne erhitzen. Rosinen und Cashewkerne grob hacken und mit Reis und Linsen zur Butter geben. Bei mittlerer Hitze unter Rühren so lange braten, bis der Reis leicht braun wird. Mit Salz und Pfeffer abschmecken und servieren.

GEBRATENER BASMATIREIS

KNUSPER TIPP

Den fruchtig-scharfen Reis zusätzlich mit ein paar Kokoschips bestreuen.

SCHARFER REIS

MIT HÄHNCHEN, DATTELN, KOKOS UND BANANE

2 EL Sonnenblumenöl
2 Hähnchenbrüste
Salz
1 Chilischote
8 getrocknete Datteln
1 Banane
150 g gegarter Naturreis (Rezept s. o.)
2 EL Kokosmilch
Pfeffer

1. Das Öl in einer Pfanne erhitzen. Die Hähnchenbrüste in mundgerechte Stücke schneiden, salzen und bei mittlerer Hitze von allen Seiten goldbraun braten.

2. Chilischote fein hacken, Datteln entkernen und in feine Stücke schneiden, Banane schälen und in dünne Scheiben schneiden. Alles zusammen mit dem Reis und der Kokosmilch zum Fleisch in die Pfanne geben und gut vermischen. Das Gericht noch einmal kurz erhitzen. Mit Salz und Pfeffer abschmecken.

SCHARFER REIS

Küchenutensilien:

Stabmixer feine Reibe

ROTES HÄHNCHEN-CURRY

1 rote Chilischote
2 Knoblauchzehen
½ Bund Koriandergrün
1 kleines Stück Ingwerwurzel
3 EL Tomatenmark
1 TL gemahlene Kurkuma
Salz, Pfeffer
2 EL Sonnenblumenöl
2 Hähnchenbrüste
2 EL Kochsahne
150 g gegarter Basmatireis (Rezept s. links)

1. Chili grob hacken, Knoblauch schälen, Koriandergrün grob hacken, Ingwer reiben und alles zusammen mit Tomatenmark, Kurkuma, etwas Salz und Pfeffer in ein hohes Gefäß geben. Mit dem Stabmixer fein pürieren.

2. Das Öl in einer Pfanne erhitzen. Das Fleisch in mundgerechte Stücke schneiden, salzen und bei mittlerer Hitze von allen Seiten goldbraun braten. Die Tomatenpaste dazugeben, etwa 2 Minuten mitbraten. Alles mit 200 ml Wasser ablöschen und gut verrühren.

3. Die Kochsahne dazugeben und das Curry ein paar Minuten einkochen lassen. Zusammen mit dem Basmatireis servieren.

ROTES HÄHNCHENCURRY

ETWA 00:25

2

ERDNUSS-CURRY

MIT GRÜNEM GEMÜSE

1 Zucchini
2 EL Sonnenblumenöl
1 Handvoll Brokkoliröschen
100 g Zuckerschoten
Salz, Pfeffer
1 Bio-Limette
1 grüne Chilischote
150 ml Kokosmilch
1 EL Erdnussbutter
1 Messerspitze gemahlene Kurkuma
150 g gegarter Basmatireis (Rezept s. links)

1. Die Zucchini in etwa 1 cm dicke Scheiben schneiden. Das Öl in einer Pfanne erhitzen und Zucchini, Broccoli und Zuckerschoten bei mittlerer Hitze in etwa 5 Minuten garen. Mit Salz und Pfeffer würzen.

2. Das Gemüse mit 100 ml Wasser ablöschen. Schale der Limette abreiben, Chili fein hacken und beides mit Kokosmilch, Erdnussbutter und Kurkuma unter das Gemüse heben. Das Curry etwas einkochen lassen und mit dem Basmatireis servieren.

ERDNUSSCURRY

HOT CHICK

MIT KARTOFFELSPALTEN

Ich liebe den Geruch, den dieses Essen beim Garen im Ofen verströmt. Oregano, Rosmarin und Olivenöl sind die besten Zutaten, die sich ein Brathähnchen nur wünschen kann. Hähnchen und Kartoffeln sind außerdem in Rekordzeit vorbereitet und brutzeln einfach im Ofen vor sich hin.

Für 4 Personen

8 Kartoffeln
1 Zitrone
Salz, Pfeffer
1 Handvoll Rosmarinnadeln
1 EL getrockneter Oregano
4 Hähnchenschenkel
4 EL Olivenöl

1. Den Backofen auf 180 °C Ober-/Unterhitze vorheizen. Die Kartoffeln schälen, achteln und in eine Auflaufform (25 x 35 cm) oder eine ofenfeste Pfanne legen. Zitrone auspressen und den Saft mit reichlich Salz und Pfeffer, Rosmarinnadeln und der Hälfte des Oreganos mit den Händen gründlich untermischen. So viel Wasser zu den Kartoffeln geben, bis sie zu einem Drittel bedeckt sind.

2. Die Hähnchenschenkel waschen und trocken tupfen. Den restlichen Oregano und reichlich Salz und Pfeffer mit den Händen ins Fleisch einmassieren. Auf die Kartoffeln legen und mit dem Öl beträufeln. Alles im Backofen auf der mittleren Schiene etwa 90 Minuten garen. Nach etwa 1 Stunde mit Alufolie abdecken, damit die Oberfläche nicht zu dunkel wird.

GEWUSST WIE

Statt Schenkeln kann man auch ein ganzes Brathähnchen (küchenfertig, etwa 1 kg) verwenden: Nach Möglichkeit ein frisches Hähnchen verwenden. Tiefkühlhähnchen über Nacht im Kühlschrank auftauen lassen. Das Hähnchen unter fließendem Wasser ausspülen, trocken tupfen und wie oben beschrieben würzen. Mit der Brust nach oben auf die Kartoffeln legen. Die Garzeit bleibt dieselbe.

Küchenutensilien:

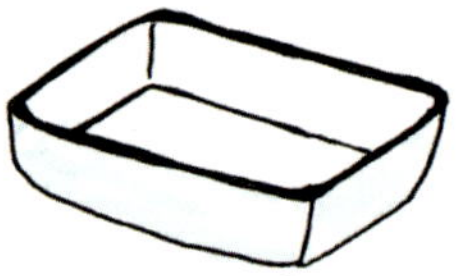

Auflaufform

€ ETWA 00:20 2

FISHERMAN'S TIPP

Garnelen sollte man nur sanft anbraten, damit sie knackig und saftig bleiben. Deshalb die Hitze herunterschalten, wenn sie leicht rosig werden.

00:20

2

CHILI-LINGUINI

MIT GEBRATENEN GARNELEN

Die knackigen Garnelen auf den scharfen Linguini, die geschmorten Tomaten, der herbe Rucola und der schmelzende Parmesan – diese Kombination schmeckt schlichtweg unglaublich. Dabei ist diese Pasta schnell und einfach zuzubereiten. Ihr werdet staunen, wie man aus wenigen Zutaten mit einem Topf und einer Pfanne ein richtiges Gourmetgericht zaubern kann!

Für 2 Personen

250 g Linguini
3 Knoblauchzehen
1 Chilischote
1 Handvoll Rucola
4 EL Olivenöl
10 Garnelenschwänze
12 Kirschtomaten
Salz, Pfeffer
1 EL geriebener Parmesan

1. Die Linguini in einem großen Topf mit kochendem Salzwasser nach Packungsanweisung bissfest garen und abgießen.

2. In der Zwischenzeit den Knoblauch schälen und zerdrücken. Die Chilischote fein hacken. Den Rucola grob hacken.

3. Das Olivenöl in einer großen Pfanne erhitzen. Garnelenschwänze schälen und mit Chili und Knoblauch darin etwa 2 Minuten bei mittlerer Hitze anbraten. Die Tomaten vierteln und dazugeben und alles weitere 2 Minuten braten.

4. Linguini und Rucola unter die Garnelen mischen. Alles mit Salz und Pfeffer abschmecken. Auf Teller verteilen. Mit Parmesan bestreuen.

SPAR-TIPP

Statt Kirschtomaten klein geschnittene Strauchtomaten verwenden.

HUN

GROSSER
GER

TAGLIATELLE

MIT BIRNE, GORGONZOLA, RADICCHIO UND WALNUSS

Das ist meine absolute Lieblingspasta! Sie ist so einfach zuzubereiten, dass man bis zur letzten Minute nicht ahnt, wie gut die einzelnen Zutaten miteinander harmonieren: Der geschmolzene Gorgonzola, die süße Frucht, die feinen Nüsse, der herbe Radicchio, der duftende Thymian und der Wein verströmen paradiesische Düfte und schmecken ebenso paradiesisch.

Für 2 Personen

250 g Tagliatelle
½ Kopf Radicchio
1 Birne
1 TL Butter
100 ml Weißwein
100 g Kochsahne
50 g Gorgonzola
2 EL gehackte Walnusskerne
1 EL Thymianblättchen
Salz, Pfeffer

1. Die Bandnudeln in einem großen Topf mit kochendem Salzwasser nach Packungsanweisung bissfest garen. Abgießen, dabei etwa 5 EL Nudelwasser zurückbehalten.

2. In der Zwischenzeit Radicchio in feine Streifen schneiden. Die Birne vierteln, dabei Kerngehäuse und Stielansatz entfernen und das Fruchtfleisch in kleine Würfel schneiden.

3. Die Butter in einer Pfanne erhitzen und die Birne bei mittlerer Hitze etwa 1 Minute anbraten. Mit dem Weißwein ablöschen. Kochsahne und Gorgonzola dazugeben. Den Käse bei mittlerer Hitze unter Rühren schmelzen.

4. Tagliatelle, Walnusskerne, Radicchio und Thymianblättchen unter die Sauce rühren und, wenn nötig, etwas von dem Nudelwasser dazugeben. Die Pasta mit etwas Salz und Pfeffer abschmecken, noch einmal kurz erhitzen und servieren.

ETWA 00:20

2

GEWUSST WIE

Kochsahne hat einen geringeren Fettgehalt als Crème fraîche oder Schmand, schmeckt trotzdem vollmundig und flockt bei hohen Temperaturen nicht aus.

ZITRONEN-SCHLEIFEN

Diese Pasta schmeckt fantastisch und ist trotzdem einfach zuzubereiten. Gebratene Zwiebeln mit Crème fraîche und geschmolzenem Parmesan sind eine unwiderstehliche Kombination. Mit Olivenöl und Zitrone ergeben sie eine herrlich leichte Sauce, die die Nudeln und den Mangold nicht ertränkt, sondern nur leicht benetzt.

Für 2 Personen

250 g Farfalle
6 Blätter Mangold
1 Zwiebel
2 EL Olivenöl
½ Bio-Zitrone
100 g Crème fraîche
3 EL geriebener Parmesan
Salz, Pfeffer

1. Die Nudeln in einem großen Topf mit kochendem Salzwasser nach Packungsanweisung bissfest garen, abgießen und etwa 5 EL des Nudelwassers zurückbehalten.

2. Den Mangold in feine Streifen schneiden. Die Zwiebel schälen und in dünne Ringe schneiden. Das Olivenöl in einer Pfanne erhitzen. Die Zwiebel und Mangold darin etwa 3 Minuten bei mittlerer Hitze anbraten.

3. Schale der Zitrone abreiben und mit Crème fraîche und der Hälfte des Parmesans zum Gemüse geben. Nudeln und Nudelwasser unterrühren. Die Pasta mit Salz und Pfeffer abschmecken, noch einmal erhitzen und auf Teller verteilen. Mit dem restlichen Parmesan bestreuen.

GEWUSST WIE

Der Nudelwassertrick: Wenn die Pastasauce zu dickflüssig ist, mit ein paar Esslöffeln Nudelkochwasser verdünnen.

PENNE – ganz schön schräg / toll mit frischer Tomatensauce

RIGATONI – Röhrennudeln / passen zu dicken Saucen und eignen sich gut zum Überbacken

MAKKARONI – die mit dem Loch / mit viel Käse die Grundlage des amerikanischen Pasta-Hits Mac & Cheese

CANNELLONI – großen Nudelröhren für (fast) jede Füllung

SPAGHETTI – schlank und Elegant / mit Carbonara- oder Bolognese-Sauce ein absoluter Klassiker

LINGUINI – die flachen Verwandten der Spaghetti / unwiderstehlich mit Olivenöl, Knoblauch, Chili und Garnelen

BUCATINI – die dicken Schwestern der Spaghetti

LASAGNE BLÄTTER – Nudelrechtecke / unverzichtbarer Bestandteil des Auflaufklassikers

FUSILLI – Spiralnudeln / nehmen durch ihre besondere Struktur dünnere Saucen gut auf

FARFALLE – putzige Schleifen, nicht nur für Mädels

TAGLIATELLE – Bandnudel / perfekt zu feinen Saucen

BUCATINI

MIT BRATWURSTBÄLLCHEN UND KIRSCHTOMATENSAUCE

Warum Hackfleisch zusammen mit einem halben Dutzend anderer Zutaten mühevoll zu Hackbällchen verarbeiten, wenn in jeder Bratwurst fertige Hackbällchenmasse steckt? Das habe ich mich an einem Abend gefragt, an dem ich für meinen Freund etwas Schnelles und Herzhaftes kochen wollte. Herausgekommen ist ein richtig leckeres Pastagericht!

Für 2 Personen

250 g Kirschtomaten
½ Chilischote
1 EL Olivenöl
Salz, Pfeffer
250 g Bucatini
2 scharf gewürzte Bratwürste
2 EL Sonnenblumenöl

1. Die Tomaten klein schneiden, die Chilischote fein hacken. Das Olivenöl in einem Topf erhitzen. Tomaten und Chili darin kurz anbraten und mit 100 ml Wasser aufgießen. Bei mittlerer Hitze etwa 10 Minuten köcheln lassen, bis das Wasser verdampft ist. Mit Salz und Pfeffer abschmecken.

2. In der Zwischenzeit die Bucatini in einem großen Topf mit kochendem Salzwasser nach Packungsanweisung bissfest garen und abgießen.

3. Die Enden der Bratwürste abschneiden, das Bratwurstbrät herausdrücken und zu kleinen Hackbällchen formen. Das Sonnenblumenöl in einer Pfanne erhitzen und die Hackbällchen darin bei mittlerer Hitze von allen Seiten anbraten.

4. Die heißen Bucatini auf Teller verteilen. Kirschtomatensauce und Bratwurstbällchen darübergeben.

GEWUSST WIE

Wer es nicht ganz so feurig mag, entfernt die Kerne der Chilischote. So wird die Tomatensauce nicht scharf, sondern nur pikant.

SPAR-TIPP

Statt Kirsch-tomaten klein geschnittene Strauchtomaten verwenden.

PENNE MIT
TOMATENSAUCE
SPAGHETTI
CARBONARA

SPAGHETTI BOLOGNESE

PENNE

MIT TOMATENSAUCE

Wenn man frische, reife Tomaten bekommt, sollte man es sich nicht nehmen lassen, eine aromatische Pastasauce daraus zu kochen. Pasta mit Tomatensauce und Basilikum schmeckt nicht nur gut – sie riecht auch unbeschreiblich aromatisch.

Für 2 Personen

6 reife Tomaten
2 EL Olivenöl
1 Zwiebel
2 Knoblauchzehen
1 Prise Zucker
300 g Penne
½ Bund Basilikum
Salz, Pfeffer

1. Einen Topf mit Wasser zum Kochen bringen. Die Tomaten an der Unterseite kreuzweise einritzen. Etwa 2 Minuten in das kochende Wasser geben, herausnehmen und kalt abschrecken. Die Tomaten mit einem kleinen Messer häuten, entkernen und in kleine Stücke schneiden.

2. Das Olivenöl in einer großen Pfanne erhitzen. Zwiebel schälen und fein würfeln, Knoblauch schälen und zerdrücken. Beides im Öl kurz anbraten. Tomatenstücke, Zucker und 200 ml Wasser dazugeben. Aufkochen und etwa 15 Minuten bei mittlerer Hitze köcheln lassen, bis das Wasser verdampft ist.

3. In der Zwischenzeit die Penne in einem großen Topf mit kochendem Salzwasser nach Packungsanweisung bissfest garen und abgießen.

4. Basilikum fein hacken und mit den Penne unter die Tomatensauce mischen. Mit Salz und Pfeffer abschmecken und auf die Teller verteilen.

SPAGHETTI CARBONARA

Eine klassische Carbonara ist viel einfacher zu machen, als viele denken. Probiert es einfach aus – der fantastische Geschmack wird euren Mut belohnen!

Für 2 Personen

250 g Spaghetti
2 Eigelb
3 EL geriebener Parmesan
3 Scheiben Speck
Salz, Pfeffer
4 Zweige Thymian

1. Die Spaghetti in einem großen Topf mit kochendem Salzwasser nach Packungsanweisung bissfest garen und abgießen. Dabei 8 EL des Nudelwassers zurückbehalten.

2. Eigelb und Parmesan in einer Schale verquirlen. Den Speck würfeln. Eine große Pfanne erhitzen und den Speck bei mittlerer Hitze etwa 2 Minuten anbraten. Die Nudeln unterrühren, kurz erhitzen und vom Herd nehmen.

3. Eigelb-Käse-Mischung und Nudelwasser auf die heißen Nudeln geben. Alles sofort gut vermengen, bis eine sämige Sauce entsteht. Mit Salz und Pfeffer abschmecken. Auf Teller verteilen. Thymianblättchen abzupfen, über die Nudeln streuen. Sofort servieren.

SPAGHETTI BOLOGNESE

Wenn an einem Tag alles schieflief und man völlig deprimiert und ausgelaugt nach Hause kommt, dann bleibt einem immer noch die Gewissheit, dass scharf angebratenes Hackfleisch mit Tomaten, Kräutern und frisch gekochter Pasta einfach herrlich schmeckt. Dieses Essen macht nicht nur satt, sondern erinnert mich an die unbeschwerten Kindheitstage, an denen diese Spaghettimahlzeit die Krönung des Tages war.

Für 3 Personen

2 EL Olivenöl
1 Zwiebel
2 Knoblauchzehen
1 Möhre
½ Chilischote
250 g gemischtes Hackfleisch
1 Sternaniskapsel
2 Lorbeerblätter
½ Zimtstange
125 ml Rotwein
1 Dose passierte Tomaten (400 g)
300 g Spaghetti
½ Bund Petersilie
Salz, Pfeffer
2 EL geriebener Parmesan

GEWUSST WIE

Wenn man eine Sauce aus Dosentomaten zubereitet, sollte man die Tomaten immer mit derselben Menge Wasser aufgießen und diese dann einkochen lassen. So verlieren die Tomaten ihre Säure und die Sauce schmeckt richtig süß und lecker.

1. Das Öl in einer großen Pfanne erhitzen. Zwiebel schälen und würfeln, Knoblauch schälen und zerdrücken, Möhre schälen und raspeln, Chili fein hacken. Alles mit dem Hackfleisch, Sternanis, Lorbeerblättern und Zimtstange in die Pfanne geben. Bei starker Hitze so lange anbraten, bis der Fleischsaft eingekocht ist.

2. Das Fleisch mit dem Wein ablöschen und köcheln lassen, bis er verdunstet ist. Mit den Tomaten und derselben Menge (1 Dose) Wasser aufgießen. Die Sauce bei mittlerer Hitze etwa 20 Minuten köcheln lassen, bis das Wasser verdampft ist. Die Gewürze herausfischen.

3. In der Zwischenzeit die Spaghetti in einem großen Topf mit kochendem Salzwasser nach Packungsanweisung bissfest garen und abgießen.

4. Die Petersilie hacken und unter die Sauce mischen. Alles mit reichlich Salz und Pfeffer abschmecken. Die Spaghetti unter die Sauce heben. Auf Teller verteilen, mit Parmesan bestreuen und servieren.

Küchenutensilien:

grobe Reibe

MAMAS MAKKARONI-AUFLAUF

»Pastitio« ist ein gehaltvoller griechischer Makkaroniauflauf mit Hackfleisch- und Bechamelsauce. Meine Mama hat das ursprüngliche Rezept abgewandelt und leichter gemacht – sowohl was die Kalorien, als auch was die Zubereitungsweise angeht. Dem Geschmack hat das keinen Abbruch getan! Der feine Duft von Zimt erinnert mich noch heute an die Sommer in Griechenland, wo wir dieses Gericht in den Restaurants von Athen aßen.

Für 4 Personen

3 EL Sonnenblumenöl
1 Zwiebel
250 g gemischtes Hackfleisch
1 Dose passierte Tomaten (400 g)
1 Zimtstange
½ Bund Petersilie
Salz, Pfeffer
350 g Makkaroni
3 EL Mehl
500 ml Milch
4 EL geriebener Parmesan

Küchenutensilien:

Auflaufform

1. Den Backofen auf 180 °C Ober-/Unterhitze vorheizen. Das Öl in einer Pfanne erhitzen. Die Zwiebel schälen und würfeln und mit dem Hackfleisch scharf anbraten, bis der Fleischsaft verdunstet ist.

2. Die passierten Tomaten, dieselbe Menge (1 Dose) Wasser und die Zimtstange zum Fleisch geben. Alles etwa 20 Minuten bei mittlerer Hitze köcheln lassen, bis das Wasser verdunstet ist. Dann die Petersilie hacken und unterrühren. Die Sauce mit reichlich Salz und Pfeffer abschmecken.

3. In der Zwischenzeit die Makkaroni in einem großen Topf mit kochendem Salzwasser nach Packungsanweisung bissfest garen und abgießen.

4. Für die Sauce das Mehl mit 8 EL Milch in einer Schale glatt rühren. Die restliche Milch in einem Topf erhitzen, salzen und pfeffern. Die Milch-Mehl-Mischung durch ein Sieb in die Milch passieren. Die Sauce unter ständigem Rühren etwa 5 Minuten kochen lassen, bis sie etwas eindickt.

5. Makkaroni und Hackfleisch in einer Auflaufform (25 x 30 cm) gut vermischen. Die Sauce ebenfalls gründlich unterheben. Den Auflauf mit Parmesan bestreuen und auf der mittleren Schiene des Backofens etwa 45 Minuten backen.

GEWÜRZTIPP

Statt der Zimtstange kann man auch 1 Prise gemahlenen Zimt verwenden.

Mamas Spezialtipp

An diesem Punkt scheiden sich die Geister: Meine Mama bestreut ihren Auflauf traditionell mit Semmelbröseln, damit er eine knusprige Kruste bekommt. Ich hingegen bestehe auf Parmesan. Deshalb: Am besten beides ausprobieren und meiner Meinung sein!

KÜRBIS-CANNELLONI

Cannelloni sind einfach klasse: Die kurzen Nudel-Pipelines mit Zutaten nach Wunsch füllen, mit etwas Sauce und Käse bedecken – der Ofen erledigt den Rest! Ich liebe sie besonders mit Gemüsefüllung: Ob Kürbis, Wirsing oder Mangold – alles gart wunderbar in den Nudelröhren.

Für 2 Personen

½ Dose passierte Tomaten (200 g)
100 g Kochsahne
Salz, Pfeffer
½ Hokkaido-Kürbis
1 Zwiebel
1 Chilischote
1 EL Butter
12 Cannelloni
5 Zweige Thymian
80 g Schafskäse

------ **Mit Fleisch**

Keine Lust auf vegetarisch? Einfach die Hälfte des Gemüses durch 125 g gemischtes Hackfleisch ersetzen und dieses zusammen mit dem Gemüse anbraten.

1. Den Backofen auf 180 °C Ober-/Unterhitze vorheizen. Passierte Tomaten und Kochsahne in einer Schüssel vermischen. Mit Salz und Pfeffer würzen.

2. Den Kürbis entkernen und mit der Schale in eine Pfanne raspeln. Die Zwiebel schälen und würfeln, die Chilischote fein hacken und beides mit der Butter zum Kürbis geben. Die Pfanne erhitzen. Das Gemüse kurz anbraten. Mit Salz und Pfeffer abschmecken.

3. Die Cannelloni mit dem Kürbisgemüse füllen und in eine Auflaufform legen. Die Tomatensauce darüber verteilen. Die Thymianblättchen abzupfen. Auflauf mit Schafskäse und Thymian bestreuen. Auf der mittleren Schiene des Backofens etwa 35 Minuten backen.

Küchenutensilien:

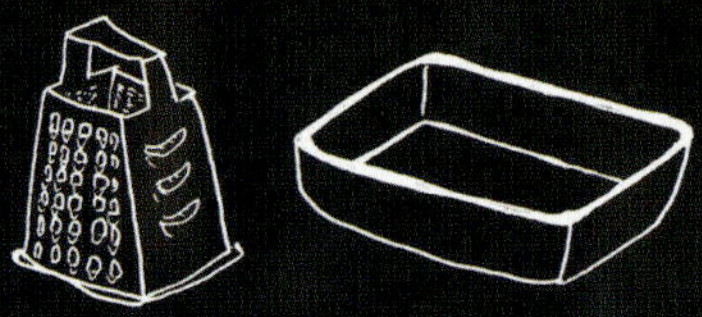

grobe Reibe Auflaufform

GEWÜRZTIPP

Muskatnuss passt hervorragend zu Kürbis! Deswegen 1 Prise geriebene Muskatnuss unter die Kürbisfüllung mischen, bevor die Cannelloni damit gefüllt werden.

MAC &

»Mac & Cheese« habe ich zum ersten Mal in den USA probiert. Leider ist die extra cremige Käsesauce in den meisten Restaurants nicht selbst gemacht, sondern ein Fertigprodukt. Dabei ist sie ganz schnell angerührt. Und ganz ohne Konservierungsmittel viel gesünder und leckerer.

Für 2 Personen

GRUNDREZEPT KÄSEMAKKARONI
250 g Makkaroni
1 Ei
5 EL Milch
4 EL geriebener Bergkäse
1 TL Butter
100 g Kochschinken
Salz, Pfeffer

1. Die Makkaroni in einem großen Topf mit kochendem Salzwasser nach Packungsanweisung bissfest garen und abgießen.

2. Ei, Milch und Käse in einer Schüssel verquirlen. Die Butter in einer großen Pfanne erhitzen. Den Schinken würfeln und in der Butter 2 Minuten anbraten.

3. Nudeln und Käse-Ei-Mischung in die Pfanne geben. Bei mittlerer Hitze so lange verrühren, bis der Käse geschmolzen ist und das Gericht eine sämige Konsistenz hat. Mit Salz und Pfeffer abschmecken und servieren.

CHEESE

Für 2 Personen

ÜBERBACKENE SCHINKENNUDELN

1 Grundrezept Käsemakkaroni (s. links)
2 Scheiben Weißbrot
1 Handvoll Petersilienblättchen
3 EL geriebener Bergkäse

1. Den Backofen auf 200 °C Ober-/Unterhitze vorheizen. Die Makkaroni zubereiten, wie links beschrieben, und in eine Auflaufform (15 x 25 cm) geben.

2. Weißbrot zerbröseln, Petersilie fein hacken und mit dem Bergkäse in einer Schale vermischen und darüberstreuen. Die Makkaroni auf der mittleren Schiene im Backofen etwa 20 Minuten überbacken.

Küchenutensilien:

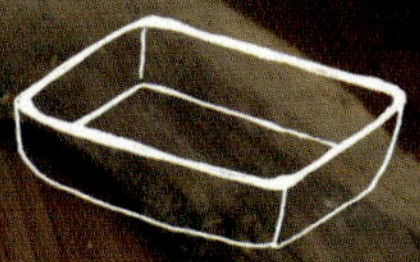

Auflaufform

LASAGNE

Lasagne kommt meist auf den Tisch, wenn etwas Besonderes ansteht: Wenn Freunde, Familie, oder jemand, den man liebevoll bekochen möchte, zu Besuch kommen. Sie schmeckt jedem, gelingt leicht und lockert sofort die Atmosphäre auf, wenn sie noch dampfend auf den Tisch kommt und darauf wartet, in große Stücke geschnitten und verspeist zu werden. Ich verzichte bei meinem Rezept auf die Béchamelsauce und verwende stattdessen nur Milch.

Für 4 Personen

1 Möhre
2 EL Sonnenblumenöl
1 Zwiebel
3 Knoblauchzehen
½ Chilischote
400 g gemischtes Hackfleisch
½ Zimtstange
125 ml Rotwein
1 Dose passierte Tomaten (400 g)
½ Bund Petersilie
2 EL Ketchup
200 ml Milch
Salz, Pfeffer
250 g Mozzarella
300 g Lasagneblätter

GEWUSST WIE

Bei Hackfleischsaucen ist es wichtig, das Fleisch so scharf wie möglich anzubraten. Auf diese Weise verliert es nicht zu viel Saft und schmeckt hinterher aromatischer.

1. Den Backofen auf 180 °C Ober-/Unterhitze vorheizen. Die Möhre schälen und mit einer feinen Reibe raspeln. Das Öl in einer Pfanne erhitzen. Zwiebel schälen und würfeln, Knoblauch schälen und zerdrücken, Chili fein hacken. Chili, Zwiebel, Knoblauch, Hackfleisch, Möhrenraspel und Zimtstange scharf anbraten, bis der Fleischsaft verdunstet ist.

2. Das Fleisch mit dem Wein ablöschen, alles noch einmal aufkochen. Mit den Tomaten und derselben Menge (1 Dose) Wasser auffüllen. Die Sauce bei mittlerer Hitze etwa 20 Minuten köcheln lassen, bis die Flüssigkeit verdampft ist.

3. Petersilie fein hacken und mit Ketchup und Milch unterrühren. Die Sauce mit Salz und Pfeffer abschmecken und die Zimtstange entfernen. Den Mozzarella reiben. In einer Auflaufform (25 x 30 cm) abwechselnd mit Hackfleischsauce und Lasagneblättern übereinanderschichten, dabei mit einer Saucenschicht abschließen.

4. Den restlichen Mozzarella über die Lasagne streuen. Auf der mittleren Schiene etwa 35 Minuten backen.

Küchenutensilien:

feine Reibe

Auflaufform

1
2
SALE
FINO
3
4
5
6
7
FIN
ISH
well done...

SALTIMBOCCA

MIT BRATKARTOFFELN

Diese Saltimboccavariante ist ein wirklich köstliches Mahl! Und noch dazu ein tolles Feierabendgericht. Wenn man die Kartoffeln schon am Vortag kocht und pellt, sind die Bratkartoffeln ruckzuck fertig. Und da Fleisch und Sauce in einer Pfanne zubereitet werden, braucht man sich über den Abwasch keine großen Gedanken zu machen!

Für 2 Personen

BRATKARTOFFELN

6 Kartoffeln
2 EL Sonnenblumenöl
1 Zwiebel
Salz, Pfeffer
4 Zweige Thymian

SALTIMBOCCA

2 EL Sonnenblumenöl
2 Putenschnitzel
Salz
150 ml Weißwein
2 große Scheiben Räucherschinken
125 g Mozarella
Pfeffer
2 Scheiben Butter
etwas Mehl

BRATKARTOFFELN

Kartoffeln kochen, schälen und in Scheiben schneiden. Das Öl in einer Pfanne erhitzen. Die Kartoffeln bei mittlerer Hitze etwa 5 Minuten anbraten. Die Zwiebel schälen und würfeln, dazugeben und mitbraten, bis sie glasig und die Kartoffeln goldbraun sind. Mit Salz und Pfeffer abschmecken. Thymianblättchen abzupfen und darüberstreuen.

SALTIMBOCCA

1. Das Öl in einer Pfanne erhitzen. Das Fleisch quer halbieren, salzen und im Öl von beiden Seiten anbraten. Mit dem Weißwein ablöschen. Die Hitze herunterschalten. Schinkenscheiben halbieren, Mozzarella in 4 Scheiben schneiden. Jeweils 1 Scheibe Schinken und Mozzarella auf die Saltimbocca legen und pfeffern. Die Butter in Mehl wenden und in die Sauce geben.

2. Die Pfanne mit einem Deckel verschließen und alles bei starker Hitze etwa 2 Minuten köcheln lassen, bis der Käse geschmolzen ist. Schnitzel auf zwei Teller legen und mit den heißen Bratkartoffeln (s. oben) servieren.

GEWUSST WIE

Man wendet die kalte Butter erst im Mehl, bevor man sie unter die Sauce rührt, damit die im Mehl enthaltene Stärke die Sauce bindet.

Für jeweils 2 Personen

GRUNDREZEPT SPÄTZLE
250 g Mehl
3 Eier
Salz, Pfeffer

KÄSESPÄTZLE MIT RÖSTZWIEBELN
1 Grundrezept Spätzle (s. o.)
1 EL Sonnenblumenöl
1 Zwiebel
1 TL Mehl
6 EL Milch
100 g geriebener Emmentaler
Salz, Pfeffer
½ Bund Schnittlauch

NUSSSPÄTZLE MIT WIRSING, PILZEN UND SPECK
1 Grundrezept Spätzle (s. o.)
3 EL gemahlene Haselnusskerne
1 EL Sonnenblumenöl
3 Wirsingblätter
6 Champignons
4 EL Milch
40 g Gorgonzola
Salz, Pfeffer
3 Zweige Thymian

2.

1.

3.

SPÄTZLE

1. Mehl, Eier, 6 EL Wasser, etwas Salz und Pfeffer in einer Schüssel mit einem Kochlöffel so lange kräftig verrühren, bis der Teig zähflüssig vom Löffel tropft.

2. Einen Topf mit Salzwasser zum Kochen bringen. Ein Schneidebrett mit etwas Wasser befeuchten und die Hälfte des Teigs in die Mitte geben. Mit einem Pfannenwender ohne Löcher glatt streichen und dann damit dünne Teigstreifen in das kochende Wasser schaben.

3. Die Spätzle sofort abschöpfen, wenn sie an der Wasseroberfläche schwimmen.

KÄSESPÄTZLE

1. Die Spätzle zubereiten wie im Grundrezept oben beschrieben.

2. Das Öl in einer Pfanne erhitzen. Zwiebel schälen, in dünne Ringe schneiden und mit dem Mehl bestreuen. Bei mittlerer Hitze so lange braten, bis die Ringe goldbraun sind. Aus der Pfanne nehmen und beiseitestellen.

3. Spätzle, Milch und Käse in die Pfanne geben und etwa 5 Minuten unter Rühren erwärmen, bis der Käse Fäden zieht. Mit Salz und Pfeffer abschmecken. Auf Teller verteilen. Schnittlauch in dünne Ringe schneiden und mit den Röstzwiebeln über die Spätzle streuen.

NUSSSPÄTZLE

1. Die Spätzle zubereiten wie im Grundrezept oben beschrieben. Dabei zusätzlich die gemahlenen Haselnusskerne unter den Teig rühren.

2. Das Öl in einer Pfanne erhitzen. Wirsingblätter in dünne Streifen schneiden und Champignons klein schneiden. Beides im Öl bei mittlerer Hitze etwa 3 Minuten anbraten. Milch und Gorgonzola dazugeben. Rühren, bis der Käse geschmolzen ist.

3. Die Nussspätzle unterrühren. Tymianblättchen abzupfen. Spätzle mit Salz und Pfeffer abschmecken. Auf Teller verteilen und mit den Thymianblättchen bestreuen.

NUSSSPÄTZLE
KÄSESPÄTZLE
3
ETWA 00:40

GEWUSST WIE

Das Schnitzel lässt sich besonders dünn klopfen, ohne zu zerfasern, wenn man es in einen Gefrierbeutel packt.

SCHNITZEL

MIT KARTOFFELSALAT UND GURKENSALAT

Als Kind war Schnitzel mein absolutes Lieblingsessen. Diese Liebe ging so weit, dass ich mit meinen Eltern zum Essen nur dorthin ging, wo es auch Schnitzel gab. Heute weiß ich: Meine frühkindliche Schnitzelsucht habe ich von meinem Papa geerbt. Denn der besteht noch heute häufig auf einem hauchdünn geklopften, gut gewürzten und in Butterschmalz gebratenen Schnitzel!

Für jeweils 2 Personen

SCHNITZEL

2 Schweineschnitzel
1 Ei
6 EL Mehl
6 EL Semmelbrösel
Salz, Pfeffer
3 EL Butterschmalz

KARTOFFELSALAT

6 Kartoffeln
1 Zwiebel
2 EL Olivenöl
1 TL Essig
1 Handvoll Petersilienblättchen
Salz, Pfeffer

GURKENSALAT

1 Gurke
½ Bund Dill
3 EL Naturjoghurt
100 g Maiskörner
Salz, Pfeffer

SCHNITZEL

1. Die Schnitzel mit einem Fleischklopfer dünn klopfen. Das Ei in einer Schale verquirlen. Mehl und Semmelbrösel auf jeweils einem Teller ausstreuen.

2. Das Fleisch salzen, pfeffern und von beiden Seiten nacheinander in Mehl, Ei und Semmelbröseln wenden. Mehl und Semmelbrösel dabei etwas andrücken und die Reste abklopfen.

3. Das Butterschmalz in einer Pfanne erhitzen. Die Schnitzel bei mittlerer Hitze von beiden Seiten goldbraun und knusprig braten. Auf Teller legen. Die Salate (s. u.) dazu servieren.

Küchenutensilien:

Fleischklopfer

Gurkenhobel

KARTOFFELSALAT

Die Kartoffeln kochen, schälen und in Stücke schneiden. Die Zwiebel schälen und in dünne Scheiben hobeln. Kartoffeln, Zwiebel, Olivenöl, Essig und 2 EL Wasser in einer Schüssel vermischen. Petersilie fein hacken und unterrühren. Den Salat mit Salz und Pfeffer abschmecken und etwa 15 Minuten ziehen lassen.

GURKENSALAT

Die Gurke schälen und in dünne Scheiben hobeln. Denn Dill fein hacken. Gurke, Joghurt, Dill, Mais mit etwas Salz und Pfeffer in einer Schüssel vermischen.

WG-

Zusammen isst man weniger allein! Frei nach diesem Motto sind die folgenden Rezepte eine Auswahl für diejenigen, die gerne mit ihren Mitbewohnern oder Freunden kochen und essen. Denn diese Gerichte lassen sich mit wenig Geld- und Zeitaufwand in ein »Große-Meute-Essen« verwandeln, das alle satt bekommt und richtig lecker schmeckt!

KARTOFFELEINTOPF (s. S. 33)
RATATOUILLE (s. S. 54)
KARTOFFELGRATIN (s. S. 56)
LASAGNE (s. S. 100)
MAKKARONIAUFLAUF (s. S. 94)
HOT CHICK (s. S. 78)
KIRSCHENMICHEL (s. S. 156)
APFEL-CRUMBLE (s. S. 171)
MILCHREIS (s. S. 152)
RÜHRKUCHEN (s. S. 162 f.)

KÜCHE

2 X KARTOFFELNOCKEN

Für jeweils 2 Personen

GRUNDREZEPT NOCKEN
500 g Kartoffeln
125 g Mehl
Salz

SALBEINOCKEN
1 Grundrezept Kartoffelnocken (s. o.)
2 TL Butter
10 Salbeiblätter
Pfeffer
1 EL gehobelter Parmesan

BASILIKUMNOCKEN MIT SOMMERGEMÜSE
1 Grundrezept Kartoffelnocken (s. o.)
1 Bund Basilikum
1 EL Olivenöl
1 Tomate
½ Zucchini
125 ml Weißwein
2 dünne Scheiben Butter
etwas Mehl
Salz, Pfeffer
2 EL geriebener Mozzarella

NOCKEN

1. Kartoffeln kochen und schälen. Einen großen Topf Salzwasser zum Kochen bringen. Die Kartoffeln in einer Schüssel mit einem Kartoffelstampfer zerstampfen. Mehl und ½ TL Salz dazugeben. Alles gut verkneten. Den Teig zu 2 cm dicken Rollen formen.

2. Die Rollen in etwa 1 cm dicke Scheiben schneiden. Die Teiglinge zwischen den Handflächen zu Kugeln rollen und mit Gabelzinken leicht eindrücken. Die Nocken ins kochende Wasser geben. Sobald sie an der Wasseroberfläche schwimmen, sofort abschöpfen.

SALBEINOCKEN

1. Die Nocken zubereiten wie im Grundrezept oben beschrieben.

2. Die Butter in einer Pfanne erhitzen. Salbei längs halbieren und kurz anbraten. Die Kartoffelnocken unterrühren und erwärmen. Auf zwei Tellern anrichten. Mit Pfeffer und Parmesan bestreuen.

BASILIKUMNOCKEN

1. Die Nocken zubereiten wie im Grundrezept oben beschrieben. Das Basilikum fein hacken und in den Teig kneten.

2. Das Öl in einer Pfanne erhitzen. Tomate und Zucchini fein würfeln und im Öl etwa 2 Minuten anbraten. Mit Wein ablöschen und kurz aufkochen.

3. Butter in Mehl wenden und mit den Kartoffelnocken unter die Sauce rühren. Mit Salz und Pfeffer abschmecken. Den Mozzarella über die Nocken streuen und die Pfanne mit einem Deckel verschließen. Bei starker Hitze etwa 2 Minuten köcheln lassen, bis der Käse geschmolzen ist.

4.
3
ETWA
00:40

RISOTTO

Risotto ist ganz einfach zuzubereiten: Man braucht nur eine beschichtete Pfanne, Milchreis und Weißwein zum Aufgießen. Mein Rezept kommt ohne teuren Risottoreis aus, und das ständige Umrühren sowie das Abspülen unzähliger Töpfe spart man sich außerdem!

Für jeweils 2 Personen

GRUNDREZEPT RISOTTO

2 EL Sonnenblumenöl
1 Zwiebel
200 g Milchreis
125 ml Weißwein
2 EL geriebener Parmesan
Salz, Pfeffer

KÜRBISRISOTTO

1 Grundrezept Risotto (s. o.)
⅓ Hokkaido-Kürbis

RISOTTO MIT GRÜNEM SPARGEL UND ZIEGENKÄSE

6 Stangen grüner Spargel
1 Grundrezept Risotto (s. o.)
2 EL Ziegenfrischkäse

Küchenutensilien:

grobe Reibe

RISOTTO

1. Das Öl in einer Pfanne erhitzen. Zwiebel schälen, würfeln und mit dem Reis bei mittlerer Hitze etwa 3 Minuten anbraten. Mit Weißwein ablöschen, kurz aufkochen lassen und 1 Tasse Wasser dazugießen. Das Wasser unter gelegentlichem Rühren verdunsten lassen. 1 weitere Tasse Wasser nachgießen.

2. Etwa 20 Minuten so verfahren, bis der Reis gar ist und das Risotto eine sämige Konsistenz hat. Den Parmesan unterrühren. Das Risotto mit Salz und Pfeffer abschmecken.

+ RUCOLA UND MANDELN: ½ Bund Rucola grob hacken, unter das fertige Risotto mischen und alles mit 2 EL gerösteten Mandelblättchen bestreuen.

KÜRBISRISOTTO

1. Risotto zubereiten wie im Grundrezept beschrieben. Den Kürbis entkernen, grob raspeln und zusammen mit der Zwiebel anbraten.

+ KOKOSSHRIMPS: 2 TL Butter in einer Pfanne erhitzen. 250 g Shrimps bei mittlerer Hitze 2 Minuten braten. 3 EL Kokosraspeln, Blättchen von 3 Zweigen Thymian und Salz über die Shrimps streuen und weitere 2 Minuten braten. Über das Kürbisrisotto streuen.

RISOTTO MIT GRÜNEM SPARGEL

1. Das untere Drittel des Spargels schälen und die Stangen in dünne Scheiben schneiden. Risotto wie im Grundrezept beschrieben zubereiten. Dabei den Spargel mit den Zwiebeln zusammen anbraten. Den Ziegenfrischkäse kurz vor dem Abschmecken unterrühren.

+ PARMESANGITTER: Den Backofen auf 250 °C Ober-/Unterhitze vorheizen und ein Backblech mit Backpapier auslegen. Aus je 1 EL geriebenem Parmesan auf dem Backpapier einen Kreis formen. Auf der obersten Schiene in etwa 3 Minuten goldbraun backen.

GEMÜSEBURGER

MIT AVOCADO-TOMATEN-SALSA

Burger sind Fleisch pur. Basta. Und gerade das finden Kerle so toll. Aber da wir Mädels auch mal einen richtig dicken Burger essen wollen, ohne gleich ein halbes Rind im Mund zu haben, ist ein Gemüseburger mit Tofu eine tolle Alternative. Lecker dazu: Süßkartoffel-Pommes.

Für jeweils 2 Personen

½ Avocado
1 Tomate
2 EL Frischkäse
Salz, Pfeffer
120 g geräucherter Tofu
1 Frühlingszwiebel
½ Paprikaschote
2 EL Semmelbrösel
1 Ei
4 EL Sonnenblumenöl
2 Ciabattabrötchen
1 Handvoll Salatblätter

SÜSSKARTOFFELPOMMES

2 große Süßkartoffeln
2 EL Olivenöl
1 TL gemahlene Kurkuma
½ TL gemahlener Kreuzkümmel
Salz

1. Für die Salsa die Avocado schälen, vom Kern lösen und in kleine Würfel schneiden. Die Tomate würfeln und mit Frischkäse und etwas Salz und Pfeffer in einer Schale vermischen.

2. Für die Burger den Tofu mit einer groben Reibe in eine Schüssel raspeln. Frühlingszwiebel in dünne Ringe schneiden, Paprika fein würfeln und beides mit Semmelbröseln, Ei, Salz und Pfeffer zum Tofu geben. Alles gut vermischen. 2 flache Burger aus der Masse formen.

3. Das Öl in einer Pfanne erhitzen und die Gemüseburger bei mittlerer Hitze von beiden Seiten goldbraun braten. Brötchen waagerecht halbieren, Salat und Burger auf die unteren Brötchenhälften legen. Die Salsa darüber verteilen. Die oberen Brötchenhälften auf die Burger legen und etwas andrücken. Sofort servieren.

POMMES

Den Backofen auf 180 °C Ober-/Unterhitze vorheizen. Ein Backblech mit Backpapier auslegen. Kartoffeln schälen in etwa 1 cm dicke Stifte schneiden, auf das Backpapier legen und mit Olivenöl, Kurkuma, Kreuzkümmel und ½ TL Salz vermischen. Auf der mittleren Schiene des Backofens etwa 25 Minuten backen. Schmeckt toll zum Gemüseburger!

DIP-TIPP

1 TL Wasabipaste mit 150 g Naturjoghurt verrühren. Fertig ist der erfrischende Wasabidip, der gut zu den indisch inspirierten Süßkartoffelpommes passt!

Küchenutensilien:

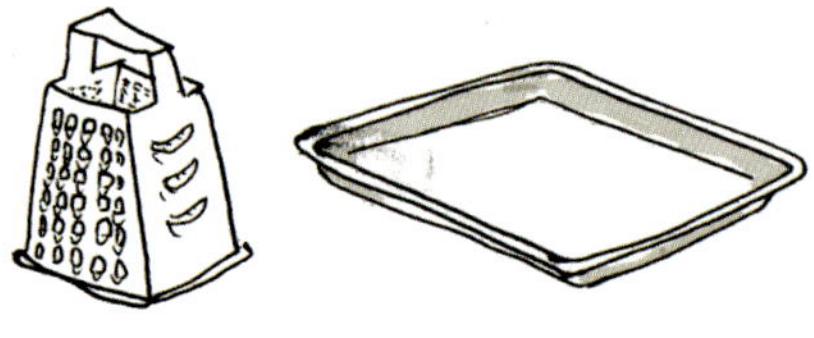

grobe Reibe   Backblech

2
ETWA 00:40

cheese
ETWA
00:45
2

CHILI-CHEESEBURGER

FÜR ECHTE KERLE

Für jeweils 2 Personen

1 Chilischote
6 Essiggurken
3 EL Ketchup
3 TL Senf
1 Zwiebel
200 g Rinderhackfleisch
Salz, Pfeffer
3 EL Sonnenblumenöl
2 Scheiben Cheddar-Käse
2 Hamburger-Brötchen
1 Handvoll Salatblätter
1 Tomate
1 rote Zwiebel

COUNTRYPOTATOES
6 Kartoffeln
2 EL Sonnenblumenöl
½ TL Paprikapulver
Salz, Pfeffer

1. Chili fein hacken und Essiggurken fein würfeln. Mit dem Ketchup und 1 TL Senf in einer Schale vermischen.

2. Die Zwiebel schälen und würfeln. Mit dem Hackfleisch, dem restlichen Senf, ½ TL Salz und etwas Pfeffer in einer Schüssel verkneten. 2 flache Burger aus der Hackmasse formen.

3. Öl in der Pfanne erhitzen und die Burger bei mittlerer Hitze auf beiden Seiten goldbraun braten. Nach dem Wenden den Käse auf die Burger legen.

4. Die Brötchen kurz im Ofen oder auf dem Toaster erwärmen. Salatblätter zerzupfen, Tomate in dünne Scheiben schneiden, Zwiebel schälen und in Ringe schneiden. Brötchen waagerecht halbieren. Salat, Burger, Tomate und Zwiebeln auf die unteren Brötchenhälften legen. Die Chilisauce darüber verteilen. Die oberen Brötchenhälften auf die Burger legen und etwas andrücken. Sofort servieren.

COUNTRYPOTATOES

Den Backofen auf 180 °C Ober-/Unterhitze vorheizen. Ein Backblech mit Backpapier auslegen. Die Kartoffeln achteln, auf das Backpapier legen und mit Öl, Paprikapulver, Salz und Pfeffer vermengen. Auf der mittleren Schiene des Backofens etwa 35 Minuten backen. Passt super zu den Cheeseburgern!

Küchenutensilien:

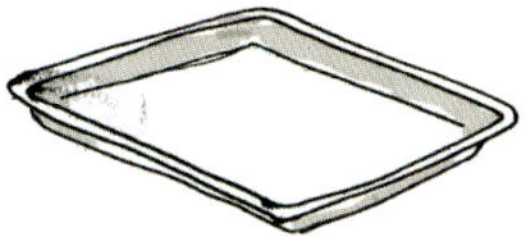

Backblech

FISH & CHIPS

Von den Fish & Chips im berühmten New Yorker Fischrestaurant »Oyster Bar« war ich hellauf begeistert: frischer Kabeljau im Bierteigmantel – lecker! Zu Hause musste ich dieses traditionell britische Gericht gleich nachkochen. Da ich Fritteusen verabscheue, habe ich Fisch und Kartoffeln einfach in der Pfanne ausgebacken: Die Pommes waren knusprig, und der Fisch blieb schön saftig. Prima!

Für 2 Personen

1 Ei
125 ml Bier
50 g Mehl
1 Messerspitze Backpulver
Salz, Pfeffer
300 g Kabeljaufilet
6 Kartoffeln
Sonnenblumenöl
½ TL getrockneter Oregano

1. Den Backofen auf 60 °C Ober-/Unterhitze vorheizen. Das Ei trennen. Das Eiweiß steif schlagen. Eigelbe, Bier, Mehl, Backpulver und etwas Salz in einer Schüssel zu einem glatten Teig verrühren. Das Eiweiß unterheben.

2. Den Fisch in Stücke schneiden, salzen und pfeffern. Die Kartoffeln schälen und in 5 mm dicke Stifte schneiden. In eine Pfanne so viel Sonnenblumenöl geben, dass der Pfannenboden etwa 1 cm hoch bedeckt ist, und erhitzen.

3. Die Kartoffelstifte ins heiße Öl geben und bei mittlerer Hitze unter gelegentlichem Wenden goldbraun braten. Mit einer Schaumkelle herausholen und auf Küchenpapier abtropfen lassen. Mit Salz und Oregano bestreuen, im Ofen warm stellen.

4. Die Pfanne mit dem Öl erneut erhitzen. Die Fischstücke mit einer Gabel von allen Seiten durch den Bierteig ziehen und in das heiße Öl geben. Bei mittlerer Hitze von allen Seiten goldbraun braten, herausnehmen und mit den Pommes servieren.

DIP-TIPP

Zu Fish & Chips schmeckt eine würzige Remoulade: 3 Gewürzgurken und ½ Frühlingszwiebel so fein wie möglich schneiden, mit 100 g Naturjoghurt, 1 EL Mayonnaise, Salz und Pfeffer verrühren.

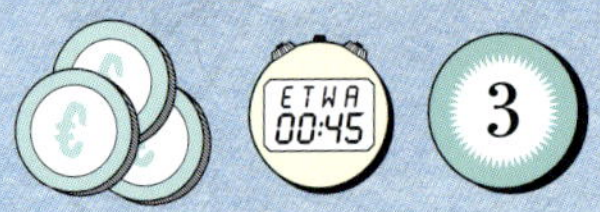

Küchenutensilien:

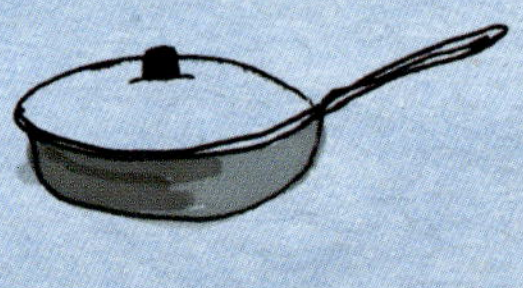

Pfanne

PARTY FOOD

ITALIENISCHER NUDELSALAT

Dieser Nudelsalat sollte auf keiner Party und bei keinem Grillfest fehlen. Er ist der König unter den Nudelsalaten. Warum? Weil das knackige Gemüse in Kombination mit dem geschmolzenen Käse, dem feinen Schinken und dem Basilikum so richtig nach Sommer schmeckt.

Für 4 Portionen

1 Bund Basilikum
5 EL Olivenöl
2 EL geriebener Parmesan
4 EL Sonnenblumenkerne
Salz, Pfeffer
500 g Penne
2 Paprikaschoten
4 Champignons
125 g Mozzarella
4 Scheiben Schinken

Küchenutensilien:

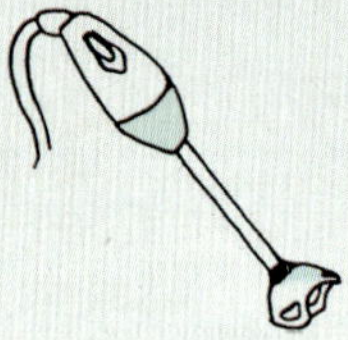

Stabmixer

1. Für das Pesto Basilikum, 3 EL Olivenöl, Parmesan, 2 EL Sonnenblumenkerne, etwas Salz und Pfeffer in ein hohes Gefäß geben und mit dem Stabmixer fein pürieren.

2. Die Nudeln in einem großen Topf mit kochendem Salzwasser nach Packungsanweisung bissfest garen, abgießen und in eine Schüssel geben.

3. In einer Pfanne das restliche Olivenöl erhitzen. Paprikaschoten in grobe, mundgerechte Stücke schneiden. Champignons in dünne Scheiben schneiden und beides in der Pfanne anbraten. Mit etwas Salz und Pfeffer würzen. Mit dem Pesto und den restlichen Sonnenblumenkernen zu den Nudeln geben. Alles gut vermischen.

4. Mozzarella und Schinken in kleine Stücke reißen. Den Mozzarella unter den warmen Nudelsalat mischen und den Schinken darüber verteilen.

- Gourmettipp -

Brotsalat

Altes Weißbrot in Stücke brechen und unter den warmen Salat mischen.

Als Hauptgericht

Für den großen Hunger: Hähnchenbrust in Streifen schneiden, anbraten und unter den Nudelsalat geben.

Luxus

Die Sonnenblumenkerne durch Pinienkerne ersetzen.

GEWUSST WIE

Dieser Nudelsalat schmeckt lauwarm am besten. Wer ihn aus Zeitgründen schon Stunden vorher zubereiten muss, gibt ihn in eine Auflaufform und wärmt ihn kurz vor dem Servieren im Backofen auf.

1

ETWA 00:35

€

SERVIERTIPP

///

Zum Kichererbsenmus schmecken rohe Gemüsesticks. Dafür Gurke, Möhre und Stangensellerie in Sticks schneiden.

/

ZAZIKI

MIT GEMÜSESPIESSEN

Dieses Zaziki ist superschnell zubereitet. Es schmeckt durch den scharfen Knoblauch und den würzigen Dill fantastisch frisch. Das Geheimnis? Magerquark und einen großen Schuss Olivenöl verwenden!

Für jeweils 6 Portionen

ZAZIKI

1 ½ Gurken
1 Bund Dill
4 Knoblauchzehen
500 g Magerquark
4 EL Olivenöl
Salz, Pfeffer

12 GEMÜSESPIESSE

1 Zucchini
2 Paprikaschoten
2 Scheiben Weißbrot
24 Kirschtomaten
12 schwarze Oliven ohne Stein
1 Handvoll große Petersilienblätter
Salz
3 EL Sonnenblumenöl
Pfeffer

KICHERERBSENMUS

1 Dose gegarte Kichererbsen (400 g)
1 EL Zitronensaft
½ Bund Petersilie
Salz, Pfeffer

ZAZIKI

Die Gurken schälen und mit einer groben Reibe in eine Schüssel raspeln. Dill fein hacken, Knoblauch durchpressen und mit Quark und Olivenöl dazugeben. Alles gut vermischen. Mit Salz und Pfeffer abschmecken. Bis zum Servieren kalt stellen.

GEMÜSESPIESSE

1. Zucchini in 5 mm dicke Scheiben schneiden. Paprika in mundgerechte Stücke schneiden. Weißbrot in 1 cm große Würfel schneiden. Alles mit Tomaten, Oliven und Petersilie abwechselnd auf 12 Holzspieße stecken und salzen.

2. Das Öl in einer Pfanne erhitzen. Die Spieße bei mittlerer Hitze ringsherum anbraten, bis das Gemüse gar und das Brot kross ist. Mit etwas Pfeffer bestreuen und zusammen mit dem Zaziki servieren.

KICHERERBSENMUS

Die Kichererbsen abgießen, mit dem Zitronensaft in ein hohes Gefäß geben und mit einem Stabmixer fein pürieren. So viel Wasser hinzufügen, dass das Mus eine cremige Konsistenz bekommt. Die Petersilie fein hacken und untermischen. Mit Salz und Pfeffer abschmecken.

Küchenutensilien:

grobe Reibe

Stabmixer

Holzspieße

FEURIGE FLEISCHBÄLLCHEN

MIT ERBSEN-GUACAMOLE

Die kleinen Fleischbällchen haben es richtig in sich: Sie sind durch die Chilischote und den Ingwer feurig scharf und in Kombination mit der mild-aromatischen Erbsen-Guacamole besonders lecker. Der ideale Partysnack, den man warm und kalt essen kann!

Für jeweils 6 Personen

FLEISCHBÄLLCHEN

1 Chilischote
1 Zwiebel
1 kleines Stück Ingwerwurzel
½ Bund Koriandergrün
500 g gemischtes Hackfleisch
1 Ei
3 EL Semmelbrösel
1 TL Salz
1 TL Pfeffer
Sonnenblumenöl

ERBSEN-GUACAMOLE

250 g TK-Erbsen
1 Bund Basilikum
1 Bio-Limette
Salz, Pfeffer

FLEISCHBÄLLCHEN

1. Chilischote fein hacken, Zwiebel schälen und würfeln, Ingwer reiben und Koriandergrün fein hacken. Alles mit dem Hackfleisch, dem Ei, Semmelbröseln, Salz und Pfeffer in eine Schüssel geben. Gut verkneten und aus der Masse kleine Bällchen formen.

2. Etwas Sonnenblumenöl in einer Pfanne erhitzen. Die Hackbällchen darin bei mittlerer Hitze von allen Seiten anbraten, dann auf Küchenpapier abtropfen lassen. Mit der Erbsen-Guacamole (s. u.) servieren.

ERBSEN-GUACAMOLE

Erbsen auftauen lassen, Basilikum grob hacken und Schale der Limette abreiben. Alles in ein hohes Gefäß geben und mit dem Stabmixer fein pürieren. Mit Salz und Pfeffer abschmecken.

GOURMETTIPP

3 EL Sesam unter das Hackfleisch mischen, das gibt einen tollen nussigen Geschmack.

Küchenutensilien:

Stabmixer feine Reibe

Alex und Patrick beim Fleischbällchenwettessen.

GEWUSST WIE

Statt Koriandergrün dieselbe Menge glatte Petersilie verwenden.

FÜR DEN GROSSEN HUNGER

Folienkartoffeln mit Dip sind ein leckeres Hauptgericht. Dafür große Kartoffeln in Alufolie wickeln und bei 220 °C Ober-/Unterhitze etwa 45 Minuten im Ofen backen. Oder bei der nächsten Grillparty einfach in der heißen Glut garen!

OFENKARTOFFELN

MIT OLIVEN-PISTAZIEN-CREME

Ofenkartoffeln sollten auf keiner Party fehlen. Sie sind unkompliziert, schnell zuzubereiten, schmecken jedem und machen richtig satt. Außerdem lassen sich die knusprigen Kartoffeln mit jedem anderen Dip, Zaziki (s. S. 125), Kichererbsenmus (s. S. 125) oder Chili con Carne (s. S. 136) kombinieren. So schmecken sie nie langweilig!

Für jeweils 6 Personen

OFENKARTOFFELN
1 kg kleine Kartoffeln
3 EL Olivenöl
2 EL grobes Salz
4 Zweige Rosmarin
Pfeffer

OLIVEN-PISTAZIEN-CREME
60 g schwarze Oliven ohne Stein
125 g Pistazienkerne
300 g Sauerrahm
Salz, Pfeffer

- Gourmettipp -

Pesto

Vor dem Garen halbierte Kirschtomaten und etwas Basilikumpesto (s. S. 122) unter die Kartoffeln mischen.

Chili-Cheese

Die Kartoffeln mit ½ TL Chilipulver vermengen. Kurz vor Ende der Backzeit mit geriebenem Käse bestreuen und überbacken.

SPARTIPP

Die Pistazien durch gesalzene Erdnüsse ersetzen.

OFENKARTOFFELN

1. Den Backofen auf 200 °C Ober-/Unterhitze vorheizen. Ein Backblech mit Backpapier auslegen. Kartoffeln halbieren und mit Olivenöl und Salz in einer Schüssel vermengen.

2. Kartoffeln mit der Schnittfläche nach unten auf dem Backpapier verteilen. Im Backofen auf der mittleren Schiene 15 Minuten backen.

3. Nadeln vom Rosmarin zupfen und grob hacken. Die Kartoffeln wenden, mit etwas Pfeffer und dem Rosmarin bestreuen. Noch einmal 5–10 Minuten in den Ofen schieben und backen, bis sie goldbraun sind.

OLIVEN-PISTAZIEN-CREME

Die Oliven in möglichst kleine Würfel schneiden. Pistazien fein hacken und mit den Oliven in eine Schale geben. Mit dem Sauerrahm verrühren. Mit Salz und Pfeffer abschmecken und zu den Ofenkartoffeln servieren.

Küchenutensilien:

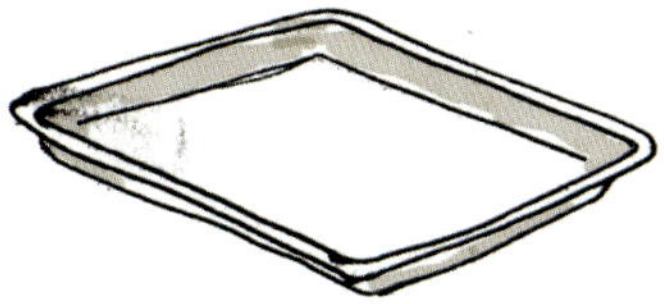

Backblech

1 · ETWA 00:20

SCHNELLE PARTYBRÖTCHEN

Eine Party ohne Brot? Unvorstellbar! Man braucht es einfach zum Dippen und um satt zu werden. Selbstgebacken schmeckt es besonders gut und macht den Abend sicher zum vollen Erfolg. Das Besondere an diesem Rezept ist der Teig ohne Hefe. So sind die Brötchen ruckzuck gemacht und gelingen sicher!

Für 20 Stück

QUARKBRÖTCHEN MIT TOMATE UND PARMESAN

2 Tomaten
600 g Mehl
2 Päckchen Backpulver
400 g Magerquark
50 g Margarine
3 EL geriebener Parmesan
½ TL Pfeffer

Für 15 Stück

ROSMARIN-OLIVEN-SCONES

85 g schwarze Oliven ohne Stein
2 Zweige Rosmarin
2 Eier
250 g Mehl
250 g Dinkelvollkornmehl
2 Päckchen Backpulver
50 g Margarine
200 ml Milch
½ TL Salz

QUARKBRÖTCHEN

1. Den Backofen auf 180 °C Ober-/Unterhitze vorheizen. Ein Backblech mit Backpapier auslegen. Tomaten entkernen, fein hacken und mit Mehl, Backpulver, Quark, Margarine, Parmesan und Pfeffer in einer Schüssel vermischen. Zu einem geschmeidigen Teig verkneten. Teig zu einer Rolle formen

2. Die Rolle in 20 gleich große Stücke schneiden. Die Stücke zu runden Brötchen formen und auf das Backpapier legen. Auf der mittleren Schiene in etwa 30 Minuten goldbraun backen.

SCONES

1. Den Backofen auf 180 °C Ober-/Unterhitze vorheizen. Ein Backblech mit Backpapier auslegen. Oliven klein schneiden, Rosmarinnadeln abzupfen und hacken. Beides mit Eiern, Mehl, Backpulver, Margarine, Milch und Salz in einer Schüssel vermischen. Zu einem geschmeidigen Teig verkneten. Teig zu einer Rolle formen.

2. Die Rolle in 15 gleich große Stücke schneiden. Die Stücke zu Brötchen formen und auf das Backpapier legen. Auf der mittleren Schiene des Backofen etwa 30 Minuten goldbraun backen.

Küchenutensilien:

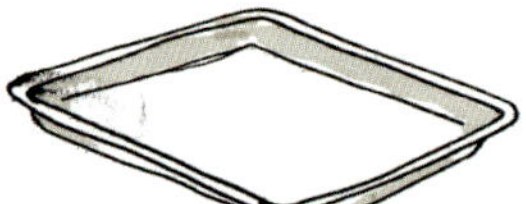

Backblech

- Gourmettipp -

Kräuterbutter

Die Quarkbrötchen schmecken einfach grandios, wenn man sie noch warm mit selbst gemachter, salziger Kräuterbutter bestreicht.

Süße Nuss-Scones

Statt Oliven und Rosmarin 2 EL Zucker, 2 EL Rosinen und 4 EL gehackte Walnusskerne unter den Teig mischen.

€ ETWA 00:20 1

CROSTINI

Crostini, also kleine, knusprige Brotscheiben mit leckerem Belag, sollten auf keiner Feier fehlen. Denn sie lassen sich ganz fix auch in großen Mengen und mit den unterschiedlichsten Zutaten belegt herstellen. So ist für jeden Geschmack etwas dabei – egal ob herzhaft oder süß!

Für jeweils 12 Stück

PESTO-CROSTINI MIT CHORIZO

12 Scheiben Ciabatta (etwa 1 cm dick)
6 TL Basilikumpesto
12 Kirschtomaten
24 Scheiben Chorizo
oder scharfe Salami
100 g Mozzarella

CROSTINI MIT ZIEGENKÄSE UND SCHINKEN

250 g Ziegenkäserolle
12 Scheiben Baguette (etwa 1 cm dick)
5 Zweige Rosmarin
12 Scheiben Schinken
4 EL Sonnenblumenkerne

CROSTINI MIT BIRNE UND WALNUSS

12 Scheiben Vollkornbaguette
(etwa 1 cm dick)
2 Birnen
50 g Walnusskerne
2 EL flüssiger Honig
250 g Frischkäse
6 Zweige Thymian

PESTO MIT CHORIZO

1. Den Backofen auf 180 °C Ober-/Unterhitze vorheizen. Ein Backblech mit Backpapier auslegen. Die Brotscheiben mit dem Pesto bestreichen. Kirschtomaten vierteln. Chorizo oder Salami und jeweils 1 geviertelte Kirschtomate auf die Brotscheiben legen.

2. Mozzarella reiben und die Crostini damit bestreuen. Aufs Backpapier legen und auf der mittleren Schiene des Backofens etwa 5–7 Minuten rösten.

ZIEGENKÄSE MIT SCHINKEN

1. Den Backofen auf 220 °C Ober-/Unterhitze vorheizen. Ein Backblech mit Backpapier auslegen. Die Ziegenkäserolle in 12 Scheiben schneiden. Je 1 Scheibe auf 1 Baguettescheibe legen. Rosmarinnadeln abzupfen, hacken und die Baguettescheiben damit bestreuen. Auf das Backpapier legen. Auf der mittleren Schiene des Backofens etwa 5 Minuten überbacken.

2. Die Crostini herausnehmen, mit dem Schinken belegen und mit den Sonnenblumenkernen bestreuen.

BIRNE MIT WALNUSS

1. Den Backofen auf 220 °C Ober-/Unterhitze vorheizen. Ein Backblech mit Backpapier auslegen. Die Brotscheiben auf das Backpapier legen. Auf mittlerer Schiene im Backofen etwa 3 Minuten rösten.

2. Birnen schälen und fein würfeln, Walnusskerne hacken und beides mit dem Honig in einer Schale vermischen. Die Brotscheiben mit Frischkäse bestreichen, den Birnen-Nuss-Honig darüber verteilen. Thymianblättchen abzupfen und die Crostini damit bestreuen.

Gewusst wie

Das Rezept für selbst gemachtes Basilikumpesto steht auf Seite 122.

PITA

MIT SPINAT UND SCHAFSKÄSE

Für 16 Stücke

2 Rollen Blätterteig
2 EL Olivenöl
2 Zwiebeln
600 g Spinat
½ Bund Dill
½ Bund Minze
1 Prise gemahlene Muskatnuss
Salz, Pfeffer
150 g Schafskäse

Küchenutensilien:

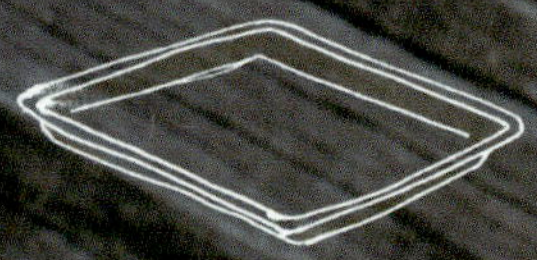

Backblech

1. Den Backofen auf 180 °C Ober-/Unterhitze vorheizen. Eine Rolle Blätterteig mit dem Papier auf einem Backblech ausrollen.

2. Das Olivenöl in einer Pfanne erhitzen. Zwiebeln schälen und würfeln und im Öl glasig anbraten. Spinat grob hacken, nach und nach dazugeben und bei mittlerer Hitze so lange braten, bis die Flüssigkeit verdunstet ist. Dill und Minze fein hacken und mit der Muskatnuss unter den Spinat rühren. Mit Salz und Pfeffer abschmecken.

3. Den Spinat auf dem Blätterteig verteilen und dabei an den Rändern 1 cm frei lassen. Den Schafskäse über dem Spinat zerbröckeln.

4. Den Spinat mit der zweiten Blätterteigrolle bedecken, die Ränder zusammendrücken und die Pita in Stücke schneiden. Den Blätterteig mit etwas Wasser beträufeln. Auf der mittleren Schiene in etwa 25 Minuten goldbraun backen.

ETWA 00:25

2

QUICK TIPP

Tiropitakia sind der perfekte Mitternachtssnack. Man kann sie Stunden vorher zubereiten, kühl aufbewahren und schnell in den Ofen schieben, wenn der kleine Hunger kommt.

TIROPITAKIA

Schafskäseecken aus Filoteig sind der Knüller auf jeder Party! Denn die kleinen, gefüllten Käsedreiecke schmecken und riechen köstlich. Vor allem der hauchdünne, knusprig gebackene Filoteig macht sie zum besten Fingerfood, das ich kenne!

Für 20 Stücke

150 g Schafskäse
½ Bund Dill
½ Bund Minze
1 Ei
Pfeffer
5 Blätter Filoteig
3 EL zerlassene Butter

Küchenutensilien:

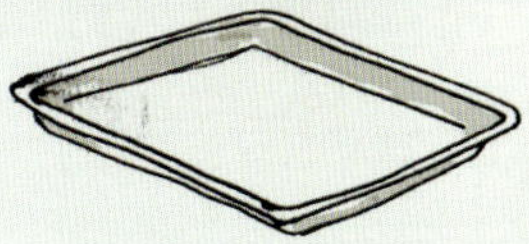

Backblech

1. Den Backofen auf 180 °C Ober-/Unterhitze vorheizen. Ein Backblech mit Backpapier auslegen. Für die Füllung den Schafskäse mit einer Gabel in einer Schüssel zerdrücken. Dill und Minze fein hacken und zusammen mit dem Ei und etwas Pfeffer untermengen.

2. Jedes Blatt Filoteig der Länge nach in jeweils 4 Streifen schneiden. Je 1 gehäuften TL Schafskäsefüllung auf das unterste Ende jedes Teigstreifens geben.

3. Dann die rechte Ecke nach links oben klappen. Dann die untere linke Ecke nach links oben klappen und die linke untere Ecke nach rechts oben klappen. So verfahren, bis alle Teigstreifen zusammengeklappt sind.

4. Die Käseecken auf das Backpapier legen, mit der Butter bestreichen und im Backofen auf der mittleren Schiene in etwa 15 Minuten goldbraun backen.

CHILI

MIT UND OHNE FLEISCH

Es gibt nichts Schöneres, als einen dampfenden Topf Chili in die Mitte seiner Gästeschar zu stellen und zu sehen, wie sie sich den scharfen Eintopf so richtig schmecken lässt. Feurig scharfes Chili con carne ist sozusagen ein Party-Dauerbrenner. Und die Vegetarier? Die kommen natürlich nicht zu kurz ... es gibt schließlich Alternativen zu Hackfleisch!

Für jeweils 6 Personen

CHILI CON CARNE
MIT SCHWARZAUGENBOHNEN

250 g getrocknete Schwarzaugenbohnen
2 EL Sonnenblumenöl
2 Zwiebeln
2 Knoblauchzehen
2 Chilischoten
500 g gemischtes Hackfleisch
125 ml Rotwein
2 Dosen Pizza-Tomaten (à 400 g)
1 Bund Petersilie
2 EL Ketchup
Salz, Pfeffer

KARTOFFELCHILI

6 große Kartoffeln
2 Zwiebeln
2 Paprikaschoten
2 Chilischoten
2 EL Sonnenblumenöl
2 Dosen passierte Tomaten (à 400 g)
1 Bund Koriandergrün
1 Dose Kidneybohnen (400 g)
1 Dose Mais (340 g)
2 EL Ketchup
Salz, Pfeffer

CHILI CON CARNE

1. Die Bohnen über Nacht in einer großen Schüssel mit reichlich kaltem Wasser einweichen und dann abgießen.

2. Das Öl in einem großen Topf erhitzen. Zwiebeln und Knoblauch schälen und würfeln, Chili fein hacken. Alles zusammen mit dem Hackfleisch so lange bei starker Hitze anbraten, bis der Fleischsaft verdunstet ist. Mit dem Rotwein ablöschen und weiterkochen, bis dieser ebenfalls verdunstet ist.

3. Die gehackten Pizza-Tomaten, die doppelte Menge Wasser (4 Dosen) und die Bohnen in den Topf geben. Alles bei mittlerer Hitze und unter gelegentlichem Umrühren etwa 50 Minuten köcheln lassen, bis die Bohnen weich sind.

4. Petersilie fein hacken und zusammen mit dem Ketchup untermischen. Mit Salz und Pfeffer kräftig abschmecken.

ETWA 00:50

1

GESUND UND LECKER

Statt Hackfleisch dieselbe Menge klein geschnittenes Hähnchenfleisch verwenden.

- G o u r m e t t i p p -

Kartoffelgulasch

Bohnen und Mais weglassen und 1 EL edelsüßes Paprikapulver dazugeben. Fertig ist das vegetarische Gulasch.

Hot Nachos

Eine Auflaufform mit Nachos auslegen, das Kartoffelchili und geriebenen Käse darüber verteilen und im Backofen bei 220 °C Ober-/Unterhitze kurz überbacken.

KARTOFFELCHILI

1. Kartoffeln schälen und in 5 mm große Würfel schneiden, Zwiebeln schälen und würfeln, Paprika putzen und würfeln, Chili fein hacken. Öl in einem großen Topf erhitzen und das Gemüse darin anbraten. Mit den Tomaten ablöschen und mit derselben Menge Wasser (2 Dosen) aufgießen. Bei mittlerer Hitze etwa 30 Minuten köcheln, bis die Kartoffeln weich sind.

2. Koriandergrün fein hacken und mit Kidneybohnen, Mais und Ketchup in den Topf geben. Alles mit Salz und Pfeffer abschmecken.

S E R V I E R T I P P

Das Kartoffelchili schmeckt mit einem Klacks Crème fraîche besonders gut.

PIZZA

Für jeweils 1 Backblech

GRUNDREZEPT PIZZA
500 g Mehl
Salz
4 EL Olivenöl
½ Würfel frische Hefe
1 ½ TL Zucker
½ Dose passierte Tomaten (200 g)
Pfeffer
½ Bund Basilikum
1 TL getrockneter Oregano

TOMATE-MOZZARELLA-BASILIKUM
1 Pizza nach dem Grundrezept (s. o.)
4 Tomaten
200 g Mozzarella
Salz, Pfeffer
1 Handvoll Basilikumblätter

PESTO-SCHINKEN-RUCOLA
1 Pizza nach dem Grundrezept (s. o.)
1 Bund Petersilie
3 EL Olivenöl
4 EL geriebener Parmesan
4 EL geriebener Mozzarella
8 Scheiben Schinken
1 Bund Rucola

ZUCCHINI-CHAMPIGNON-GORGONZOLA
1 Pizza nach dem Grundrezept (s. o.)
1 Zucchini
6 Champignons
100 g Gorgonzola
1 Schälchen Kresse

€ ETWA 00:50 3

1. Das Mehl, 1 TL Salz und das Olivenöl in eine Schüssel geben. Hefe in eine Schale bröckeln. 1 TL Zucker und 250 ml warmes Wasser dazugeben und die Hefe darin auflösen. Hefemischung zum Mehl schütten und untermengen. So lange kneten, bis ein geschmeidiger Teig entsteht. Zur Kugel rollen und mit einem Küchentuch abdecken. An einem warmen Ort etwa 30 Minuten gehen lassen.

2. Den Backofen auf 220 °C Ober-/Unterhitze vorheizen. Für die Tomatensauce Tomaten, restlichen Zucker, ½ TL Salz, etwas Pfeffer und Oregano in einer Schale verrühren. Basilikum fein hacken und unterheben.

3. Den Teig auf Backpapier ausrollen und auf ein Backblech ziehen. Die Pizza mit Tomatensauce bestreichen, mit einem Belag nach Wunsch versehen (s. u.) und auf mittlerer Schiene im Backofen etwa 20 Minuten backen.

RONJA – TOMATE-MOZZARELLA-BASILIKUM

Den Teig nach dem Grundrezept oben zubereiten. Tomaten putzen und in dünne Scheiben schneiden, Mozzarella reiben und beides auf der Tomatensauce verteilen. Mit etwas Salz und Pfeffer würzen. Pizza backen wie beim Grundrezept beschrieben. Aus dem Ofen nehmen und die Basilikumblätter darüber verteilen.

PIETRO – PESTO-SCHINKEN-RUCOLA

Den Teig nach dem Grundrezept oben zubereiten, jedoch ohne Tomatensauce. Für das Pesto Petersilie fein hacken und mit Olivenöl und 2 EL Parmesan in einer Schale vermischen. Das Pesto auf dem Pizzateig verstreichen. Mozzarella mit dem Schinken darübergeben. Pizza backen wie beim Grundrezept beschrieben. Aus dem Ofen nehmen. Rucola grob hacken und zusammen mit dem restlichen Parmesan auf die heiße Pizza streuen.

MATILDA – CHAMPIGNON-GORGONZOLA

Den Teig nach dem Grundrezept oben zubereiten. Zucchini fein raspeln, Champignons in dünne Scheiben und Gorgonzola in kleine Stücke schneiden. Alles auf der Tomatensauce verteilen. Pizza backen wie beim Grundrezept beschrieben. Aus dem Ofen nehmen und mit der Kresse bestreuen.

GEMÜSE-FRISCHKÄSE

- 1 Pizza nach dem Grundrezept (s. links)
- 1 Zucchini
- 1 Aubergine
- 1 Paprikaschote
- 300 g Frischkäse
- Salz, Pfeffer
- 8 Zweige Thymian

EMIL – GEMÜSE-FRISCHKÄSE

Den Teig nach dem Grundrezept links zubereiten, jedoch ohne Tomatensauce. Das Gemüse in dünne Scheiben und Streifen schneiden. Den Frischkäse auf dem Pizzateig verstreichen. Das Gemüse darüber verteilen. Alles salzen und pfeffern. Pizza backen wie beim Grundrezept beschrieben. Thymianblättchen abzupfen und nach der Hälfte der Backzeit über der Pizza verteilen.

TIRAMISU

KLASSISCH

Tiramisu, egal ob klassisch oder etwas ausgefallener, ist die ideale Süßspeise für eine lange Partynacht. Denn man braucht dafür nicht einmal den Ofen anzuschmeißen. Ersetzt man den teuren Mascarpone aus dem Originalrezept mit Magerquark, kostet das grandios-leckere Dessert nicht einmal viel.

Für 6 Personen

3 Eier
5 EL Zucker
500 g Magerquark
100 g Sahne
150 ml kalter Kaffee
2 EL Kaffeelikör
200 g Löffelbiskuits
2 EL Kakaopulver

1. Die Eier trennen. Das Eiweiß mit den Rührbesen des Handrührgeräts steif schlagen. Eigelbe, Zucker und Quark in einer Schüssel verrühren und dann schaumig schlagen. Die Sahne ebenfalls steif schlagen. Sahne und Eiweiße unter die Quarkmasse heben. Kaffee und Likör in einer Schale vermischen.

2. Den Boden einer Auflaufform mit etwas Quarkcreme bedecken. Die Löffelbiskuits kurz in den Kaffee tunken und auf die Creme legen. Dann die Biskuits mit Quarkcreme bedecken. Solange abwechselnd schichten, bis die Zutaten verbraucht sind, wobei die oberste Schicht aus Creme bestehen sollte. Etwa 4 Stunden kalt stellen. Vor dem Servieren mit Kakao bestäuben.

1 ETWA 00:20 €

HEIDELBEER-TIRAMISU

MIT MANDELBISCOTTI UND BAILEYS

Für 6 Personen

500 g Magerquark
250 g Naturjoghurt
5 EL Zucker
8 EL Baileys
200 g Mandelbiscotti
300 g Heidelbeeren
1 TL Zimt

---

1. Quark, Joghurt und Zucker in einer Schüssel mit den Rührbesen des Handrührgeräts verrühren. Den Baileys in eine Schale füllen.

2. Den Boden einer Auflaufform (15 x 25 cm) mit etwas Quarkcreme bedecken. Die Mandelbiscotti kurz in den Likör tunken und auf die Creme legen. Heidelbeeren halbieren, dann einen Teil der Heidelbeeren über den Biscotti verteilen und mit Quarkcreme bedecken. Solange abwechselnd schichten, bis die Zutaten verbraucht sind, wobei die oberste Schicht aus Beeren bestehen sollte. Etwa 4 Stunden kalt stellen. Vor dem Servieren mit etwas Zimt bestäuben.

GEWUSST WIE

Das Heidelbeertiramisu sieht in Gläsern angerichtet besonders eindrucksvoll aus.

SPAR-TIPP

Die Heidelbeeren kann man je nach Jahreszeit mit klein geschnittenen Erdbeeren, Birnen oder Pflaumen ersetzen.

Küchenutensilien:

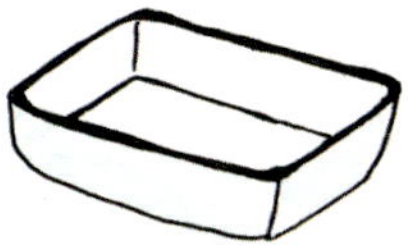

Auflaufform

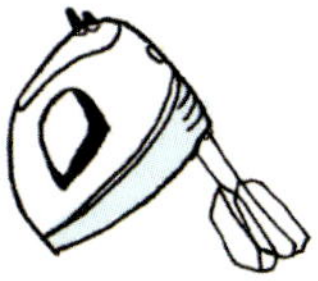

Handrührgerät

KOKOSRAUTEN

Diesen Kuchen hat schon meine Großmutter gebacken und das Rezept an meine Mama weitergegeben. Diese machte die saftigen Kokosrauten immer für mich und meine Schwester, wenn wir Geburtstag hatten. Und heute backen meine Schwester und ich den Kuchen selbst, wenn wir eine Party schmeißen oder einfach Lust auf Kokos haben.

Für 20 Stücke

250 g Margarine
5 Eier
620 g Zucker
2 Päckchen Vanillezucker
220 g Mehl
2 Päckchen Backpulver
150 ml Milch
250 g Kokosraspel
1 Zitronenscheibe
1 Zimtstange
10 Gewürznelken

Für jeden Kokosfan ein Muss. Der Kuchen ist ein Hochgenuss!

Barbara, meine Schwester

€ ETWA 01:00 3

1. Den Backofen auf 180 °C Ober-/Unterhitze vorheizen. Eine Auflaufform (25 x 35 cm) mit etwas Margarine fetten. Die Eier trennen. Eiweiße mit den Rührbesen des Handrührgeräts steif schlagen. Eigelbe, restliche Margarine, 220 g Zucker und Vanillezucker schaumig schlagen. Mehl, Backpulver, Milch und 220 g Kokosraspel unterrühren. Das Eiweiß vorsichtig unterheben. Masse in die Auflaufform füllen, glatt streichen. Im Backofen auf der mittleren Schiene etwa 40 Minuten backen.

2. In der Zwischenzeit 1,6 l Wasser in einen großen Topf füllen. Restlichen Zucker (400 g), Zitronenscheibe, Zimtstange und Gewürznelken dazugeben. Alles zum Kochen bringen. Bei mittlerer Hitze etwa 40 Minuten köcheln lassen, bis ein dickflüssiger Sirup entsteht. Vom Herd nehmen.

3. Den Kokoskuchen aus dem Ofen nehmen und in Rauten schneiden. Die Gewürze aus dem Sirup fischen und den Kuchen mit dem Sirup begießen. Er sollte ihn vollständig aufsaugen. Mit den restlichen Kokosraspeln bestreuen.

Küchenutensilien:

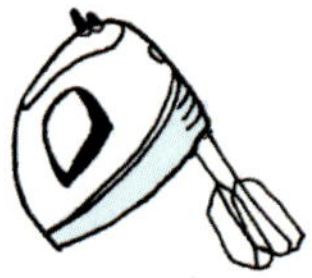

Handrührgerät

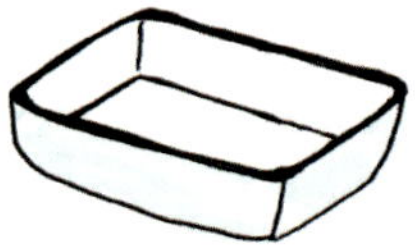

Auflaufform

GEWUSST WIE

Der Kokoskuchen ist durch den süßen Sirup lange haltbar. Er schmeckt auch noch am zweiten und dritten Tag sehr gut, da er dann Zeit hatte, richtig durchzuziehen.

QUICK TIPP Statt selbst zu backen, fertige Schoko-Biskuitböden verwenden.

Ein leckerer Berg
Schokolade nur für mich!

Athina, Schokoladenexpertin

SCHOKOLADEN-KUCHEN

Dieser Kuchen ist der Partyknaller schlechthin! Er sieht nicht nur wahnsinnig beeindruckend aus, sondern ist auch schnell und einfach zu machen. Und das Beste: Durch den hohen Kakaoanteil schmeckt er nicht ganz so süß und kommt deshalb auch bei den Jungs super gut an!

Für 12 Stücke

TEIG
250 g Margarine
6 Eier
150 g Zucker
180 g Mehl
2 Päckchen Backpulver
4 EL Kakaopulver
6 EL Milch

FÜLLUNG
500 g Magerquark
6 EL Zucker
250 g Himbeeren

SCHOKOCREME
750 g Magerquark
4 EL Kakaopulver
8 EL Zucker
3 EL Milch

SPARTIPP
Kirschen aus dem Glas schmecken zu diesem Kuchen klasse und sind vor allem im Winter eine günstige Alternative zu Himbeeren!

1. Den Backofen auf 180 °C Ober-/Unterhitze vorheizen. Eine Springform (26 cm Ø) mit etwas Margarine einfetten. Die Eier trennen. Eiweiße mit den Rührstäben des Handrührgeräts steif schlagen. Restliche Margarine, Zucker und Eigelbe in einer Schüssel schaumig schlagen. Mehl, Backpulver, Kakao und Milch unterrühren. Das Eiweiß vorsichtig unterheben. Den Teig in die Form geben und glatt streichen. Im Backofen auf der mittleren Schiene etwa 45 Minuten backen. Herausnehmen und auskühlen lassen.

2. Für die Füllung Magerquark und Zucker verrühren, bis sich der Zucker aufgelöst hat.

3. Für die Schokocreme Magerquark, Kakao, Zucker und Milch verrühren, bis eine glatte Masse entsteht.

4. Den Kuchen waagerecht in drei Böden schneiden. Den untersten Boden mit der Hälfte der Füllung und der Himbeeren belegen, den mittleren Boden darauflegen und etwas andrücken. Darauf den restlichen Quark und die übrigen Himbeeren verteilen. Alles mit dem letzten Boden bedecken. Die Schokocreme gleichmäßig über dem Kuchen verstreichen und kalt stellen.

Küchenutensilien:

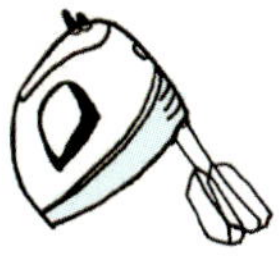

Handrührgerät

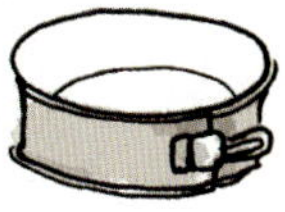

Springform

DAS HANDWERK
DIE WIRTSCHAFTSMACHT. VON NEBENAN.
Wir sind drin.
QYPE

SÜSSE
SACHEN

MAMAS KLASSIKER

Für jeweils 2 Personen

KAISERSCHMARREN
3 Eier
2 EL Zucker
125 ml Milch
100 g Mehl
2 EL Rosinen
1 TL Butter
1 EL Puderzucker

PFANNKUCHEN
200 ml Milch
2 Eier
100 g Mehl
1 Prise Salz
Butter

Küchenutensilien:

Handrührgerät

KAISERSCHMARREN

1. Die Eier trennen. Die Eiweiße mit den Rührstäben des Handrührgeräts steif schlagen. Eigelbe und Zucker in einer Schüssel schaumig schlagen. Milch, Mehl und Rosinen unterrühren. Das Eiweiß unterheben.

2. Die Butter in einer Pfanne erhitzen. Den Teig hineingießen und bei mittlerer Hitze ein paar Minuten stocken lassen. Wenn die Unterseite leicht gebräunt ist, den Teig halbieren, wenden, in kleine Stücke reißen und gar backen. Auf Teller verteilen und mit Puderzucker bestäuben.

- Toppingtipp -

Banane & Haselnuss

Den Schmarren wie oben beschrieben zubereiten. Dabei das Mehl durch Dinkelmehl ersetzten und zusätzlich eine zerdrückte Banane und 2 EL gemahlene Haselnusskerne unter den Teig heben.

PFANNKUCHEN

Milch, Eier, Mehl und Salz in einer Schüssel zu einem glatten Teig verquirlen. Etwas Butter in einer Pfanne erhitzen, 1 Kelle Teig hineingeben und verteilen. Pfannkuchen bei mittlerer Hitze goldbraun braten, wenden und auch von der anderen Seite ausbacken. Wiederholen, bis der ganze Teig verbraucht ist.

- Toppingtipp -

Rosinenquark

250 g Quark, 3 EL Zucker, 2 EL Rosinen und 1 Ei verrühren. Die Füllung auf den Pfannkuchen verstreichen. Gefüllte Pfannkuchen aufrollen und in eine gefettete Auflaufform legen. Bei 180 °C Ober-/Unterhitze etwa 25 Minuten backen.

ETWA 00:20

SERVIER-TIPP

Apfelmus, Konfitüre, Schokocreme oder frische Früchte passen zu beiden Rezepten.

Für jeweils 2 Personen

GRUNDREZEPT MILCHREIS
500 ml Milch
2 EL Zucker
100 g Milchreis

3 X SÜSSES RISOTTO

MILCHREIS

Milch und Zucker in einem Topf zum Kochen bringen. Den Reis unterrühren und bei schwacher Hitze unter gelegentlichem Rühren etwa 20 Minuten köcheln lassen, bis die ganze Milch eingekocht und der Reis weich ist.

Für jeweils 2 Personen

ORIENTALISCHES RISOTTO
1 Milchreis-Grundrezept (s. links)
250 ml Kokosmilch
4 Gewürznelken
8 getrocknete Datteln
8 gebrannte Mandeln

SCHOKOSOTTO MIT HONIGKUCHEN-CROÛTONS
1 Milchreis-Grundrezept (s. links)
50 g weiße Schokolade
2 Scheiben Honigkuchen

KARAMELLREIS MIT APFELMUS
1 Milchreis-Grundrezept (s. links)
2 Äpfel
½ TL gemahlener Zimt
1 TL Zucker
2 EL brauner Zucker

Küchenutensilien:

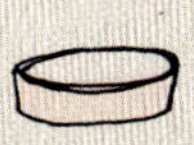

feuerfeste Förmchen

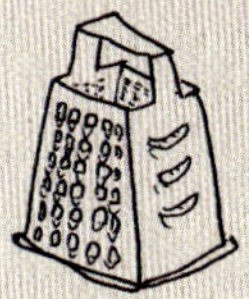

feine Reibe

ORIENTALISCHES RISOTTO

1. Den Milchreis zubereiten wie im Grundrezept links beschrieben – allerdings die Hälfte der Milch durch die Kokosmilch ersetzen und die Gewürznelken mitkochen.

2. Kurz vor Ende der Garzeit die Datteln entkernen, in kleine Stücke schneiden und unterrühren. Mandeln grob hacken und das fertige Risotto damit bestreuen.

SCHOKOSOTTO

1. Den Milchreis zubereiten wie im Grundrezept links beschrieben. Kurz vor Ende der Garzeit die Schokolade fein reiben und unter den Milchreis rühren.

2. Honigkuchen in 1 cm große Würfel schneiden. Eine Pfanne ohne Fett erhitzen und die Honigkuchenwürfel bei mittlerer Hitze von allen Seiten knusprig braten. Den Milchreis auf Teller verteilen und mit den Croûtons bestreuen.

KARAMELLREIS

1. Den Milchreis zubereiten wie im Grundrezept links beschrieben. Den Backofen auf 250 °C Oberhitze vorheizen.

2. Für das Apfelmus Äpfel schälen, entkernen, fein würfeln und mit Zimt, Zucker und 3 EL Wasser in einem Topf erhitzen. Bei schwacher Hitze in etwa 10 Minuten weich kochen.

3. Das Mus auf feuerfeste Förmchen verteilen, den Reis darübergeben und mit dem braunen Zucker bestreuen. Auf der obersten Schiene im Backofen etwa 5–7 Minuten karamellisieren.

HONIGPARFAIT

MIT ROSMARIN UND FEIGEN

Für 2 Personen

2 Eier
300 g Kochsahne
4 EL Honig
2 Zweige Rosmarin
2 Feigen

GEWUSST WIE

Als Parfaitform kann man fast jedes Gefäß nutzen: Tassen, Schälchen, Mini-Kuchenformen oder was der Haushalt sonst so hergibt.

GESUND UND LECKER

Die Sahne kann durch die gleiche Menge Milch ersetzt werden.

1. Die Eier trennen. Die Eiweiße mit den Rührstäben des Handrührgeräts steif schlagen. Eigelbe, Sahne und 1 El Honig in einer Schüssel schaumig schlagen und die Eiweiße unterheben. Die Parfaitmasse in eine Form füllen und für mindestens 4 Stunden in die Tiefkühltruhe stellen.

2. Das Parfait etwa 10 Minuten vor dem Servieren aus der Kühlung nehmen. Restlichen Honig und Rosmarinzweige in einem Topf kurz erhitzen. Das Parfait stürzen. Feigen vierteln und das Parfait mit Feigen, Rosmarinhonig und Rosmarinzweigen anrichten.

Küchenutensilien:

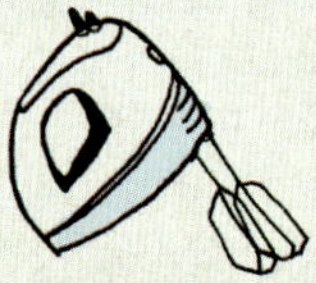

Handrührgerät

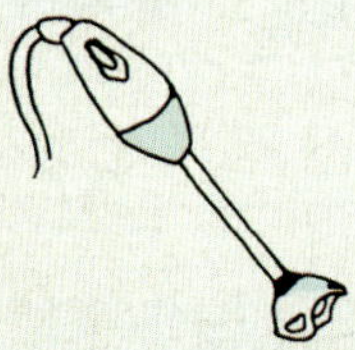

Stabmixer

BROMBEEREIS

MIT MINZZUCKER

Das Fruchteis ist perfekt für Tage, an denen man sich nach einer schnellen, kalten Erfrischung sehnt. Es ist in wenigen Minuten fertig, frei von jeglichen Zusatzstoffen und schmeckt himmlisch beerig – da kann die beste Eisdiele nicht mithalten!

Für 2 Personen

250 g Magerquark
250 g Brombeeren
3 EL Zucker
½ Bund Minze

1. Quark, Brombeeren und 1 EL Zucker in eine Schüssel geben, mit dem Stabmixer fein pürieren und für etwa 30 Minuten in die Tiefkühltruhe stellen.

2. In der Zwischenzeit die Minze fein hacken. Mit dem restlichen Zucker in einer Schale vermischen. Das gekühlte Brombeereis nach dem Anrichten mit dem Minzzucker bestreuen.

SÜSSE AUFLÄUFE

FÜR HEIMWEHTAGE

Für jeweils 2 Personen

APFEL-BROT-AUFLAUF

3 altbackene Weizenbrötchen
2 Äpfel
2 Eier
3 EL Zucker
300 ml Milch
2 EL Rosinen

KIRSCHENMICHEL

400 ml Milch
60 g Weichweizengrieß
½ Glas Schattenmorellen (360 ml)
2 Eier
4 EL Zucker
1 EL Butter
2 EL Mandelblättchen

GEWUSST WIE

Aus dem Rest der Kirschen kann man eine leckere Kirschsauce machen: Kirschen mit etwas Kirschwasser in einem Topf erhitzen und jeweils 1 TL Zucker und Speisestärke unterrühren. Einmal aufkochen lassen und vom Herd nehmen.

APFEL-BROT-AUFLAUF

1. Den Backofen auf 180 °C Ober-/Unterhitze vorheizen. Die Brötchen in dünne Scheiben schneiden. Die Äpfel schälen, entkernen und in dünne Spalten schneiden. Eier, 2 EL Zucker und Milch mit den Rührstäben des Handrührgeräts verquirlen.

2. Apfel- und Brotscheiben abwechselnd in einer Auflaufform (15 x 20 cm) auslegen und mit den Rosinen bestreuen. Die Eimischung darübergießen und den restlichen Zucker darüberstreuen. Auf der mittleren Schiene etwa 45 Minuten backen.

KIRSCHENMICHEL

1. Die Milch in einem Topf zum Kochen bringen und den Grieß einrühren. Etwa 2 Minuten köcheln lassen, vom Herd nehmen und auskühlen lassen. Den Backofen auf 180 °C Ober-/Unterhitze vorheizen. Die Schattenmorellen abtropfen lassen.

2. In der Zwischenzeit die Eier trennen. Die Eiweiße mit den Rührstäben des Handrührgeräts steif schlagen. Eigelbe, Zucker und Butter schaumig schlagen. Die Eigelbmischung unter den Grieß rühren. Die Eiweißmasse unterheben.

3. Die Grießmasse in eine Auflaufform (15 x 20 cm) füllen, die Kirschen darauf verteilen und leicht eindrücken. Den Auflauf mit den Mandelblättchen bestreuen. Auf der mittleren Schiene etwa 45 Minuten backen.

Küchenutensilien:

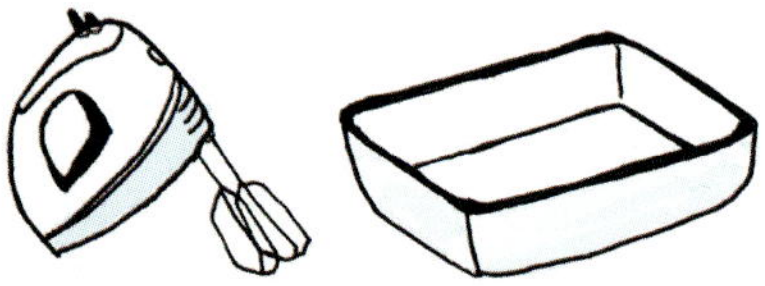

Handrührgerät Auflaufform

Serviertipp

Zum Apfelauflauf schmecken Vanillesauce (s. S. 171) oder etwas Eierlikör.

SCHNECKEN

F-E-R-T-I-G

Süße Schnecken aus fertigem Blätterteig sind ideal als Pausensnack, Dessert oder zum gemeinsamen Knuspern bei einem gemütlichen Picknick. Sie schmecken warm, kalt oder in den Milchkaffee getunkt und lassen sich problemlos mitnehmen.

Für jeweils 20 Stück

NUSSSCHNECKEN

1 Rolle Blätterteig (250 g)
120 g Butter
5 EL gemahlene Haselnusskerne
5 EL gemahlene Mandeln
2 EL Zucker
½ TL gemahlener Zimt

APFEL-ZIMT-SCHNECKEN

1 Rolle Blätterteig (250 g)
2 Äpfel
2 EL Zitronensaft
2 EL Zucker
1 TL gemahlener Zimt
3 EL Puderzucker

VITAMINSCHNECKEN

1 Rolle Blätterteig (250 g)
10 getrocknete Aprikosen
250 g Magerquark
1 EL Honig
3 EL Rosinen

Küchenutensilien:

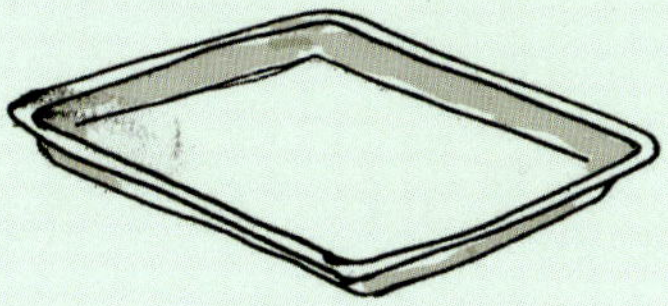

Backblech

NUSSSCHNECKEN

1. Den Backofen auf 180 °C Ober-/Unterhitze vorheizen. Ein Backblech mit Backpapier auslegen. Den Blätterteig auf der Arbeitsfläche ausrollen.
2. Die Butter zerlassen und mit Nüssen, Mandeln, Zucker und Zimt in einer Schüssel vermischen. Die Nussfüllung auf dem Blätterteig verstreichen.
3. Den Blätterteig von der breiten Seite her aufrollen. Die Nussrolle in etwa 1,5 cm dicke Scheiben schneiden und auf das Backpapier legen. Im Backofen auf der mittleren Schiene etwa 15 Minuten backen.

APFEL-ZIMT-SCHNECKEN

1. Den Backofen auf 180 °C Ober-/Unterhitze vorheizen. Ein Backblech mit Backpapier auslegen. Den Blätterteig auf der Arbeitsfläche ausrollen.
2. Äpfel schälen, entkernen und fein würfeln. Mit Zitronensaft, Zucker und Zimt in einer Schüssel vermischen. Die Apfelfüllung auf dem Blätterteig verteilen.
3. Den Blätterteig von der breiten Seite her aufrollen. Die Apfel-Zimt-Rolle in etwa 1,5 cm dicke Scheiben schneiden und auf das Backpapier legen. Im Backofen auf der mittleren Schiene etwa 15 Minuten backen. Herausnehmen und auskühlen lassen.
4. Puderzucker und 1 EL Wasser in einer Schale glatt rühren. Die Apfelschnecken mit dem Zuckerguss bestreichen.

VITAMINSCHNECKEN

1. Den Backofen auf 180 °C Ober-/Unterhitze vorheizen. Ein Backblech mit Backpapier auslegen. Den Blätterteig auf der Arbeitsfläche ausrollen.
2. Aprikosen würfeln und mit Quark, Honig und Rosinen in einer Schüssel vermischen. Die Quarkfüllung auf dem Blätterteig verstreichen.
3. Den Blätterteig von der breiten Seite her aufrollen. Die Quarkrolle in etwa 1,5 cm dicke Scheiben schneiden und auf das Backpapier legen. Im Backofen auf der mittleren Schiene etwa 15 Minuten backen.

SANDKUCHEN
MARMOR KUCHEN
SCHNEEWITTCHENSCHNITTCHEN

ROTWEIN-
GEWÜRZKUCHEN
ZITRONEN-
INGWER
KUCHEN
SUPER
FUDGE
BROWNIES

RÜHRKUCHEN

Für jeweils 12 Stücke

GRUNDREZEPT RÜHRKUCHEN

250 g Margarine
150 g Zucker
4 Eier
6 EL Milch
300 g Mehl
1 Päckchen Backpulver

MARMORGUGELHUPF

1 Grundrezept Rührteig (s. o.)
3 EL Kakaopulver
2 EL Zucker
1 EL Puderzucker

SCHNEEWITTCHENSCHNITTCHEN

1 Grundrezept Rührteig (s. o.)
100 g gehackte Macadamianusskerne
200 g getrocknete Cranberrys
200 g weiße Schokolade

RÜHRKUCHEN / SANDKUCHEN

1. Den Backofen auf 180 °C Ober-/Unterhitze vorheizen. Eine Kastenform (25 cm lang) mit etwas Margarine einfetten. Restliche Margarine, Zucker und Eier in einer Schüssel mit den Rührstäben des Handrührgeräts schaumig schlagen. Milch, Mehl und Backpulver dazugeben. Alles zu einem glatten Teig verrühren.

2. Den Teig in die Kastenform geben. Auf der mittleren Schiene des Backofens etwa 40 Minuten backen. Garprobe machen (s. S. 188). Kuchen herausnehmen, etwas auskühlen lassen. Den Rand mit einem Messer lösen und aus der Form stürzen.

MARMORGUGELHUPF

Den Rührteig zubereiten wie im Grundrezept oben beschrieben. Die Hälfte des Teigs in eine gefettete Gugelhupfform (24 cm Ø) füllen. Kakao und Zucker unter den restlichen Teig rühren und ebenfalls in die Form geben. Backen wie oben beschrieben. Den fertigen Kuchen aus der Form stürzen und mit Puderzucker bestäuben.

SCHNEEWITTCHENSCHNITTCHEN

Den Rührteig zubereiten wie im Grundrezept oben beschrieben. Dabei zusätzlich die Nusskerne und die Hälfte der Cranberrys unter den Teig mischen. In eine gefettete Auflaufform (25 x 35 cm) füllen. Backen wie oben beschrieben. Kuchen etwas auskühlen lassen und aus der Form stürzen. Die Schokolade schmelzen, den Kuchen damit bestreichen mit den restlichen Cranberrys bestreuen und in Quadrate schneiden.

ETWA 00:30

2

ROTWEIN-GEWÜRZ-KUCHEN

1 Grundrezept Rührteig (s. links)
150 ml Rotwein
100 g Zartbitterschokolade
½ TL gemahlene Gewürznelken
1 TL gemahlener Zimt
6 EL Puderzucker
2 EL getrocknete Cranberrys

ZITRONEN-INGWER-KUCHEN

1 Grundrezept Rührteig (s. links)
1 Bio-Zitrone
1 kleines Stück Ingwerwurzel
6 EL Puderzucker
2–3 EL Zitronensaft

BROWNIES

1 Grundrezept Rührteig (s. links)
200 g Zartbitterschokolade
3 EL Kakaopulver
4 EL gehackte Walnusskerne
Puderzucker
Schlagsahne

Küchenutensilien:

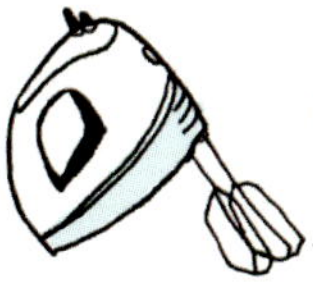

Handrührgerät

Backformen

feine Reibe

ROTWEIN-GEWÜRZ-KUCHEN

Den Rührteig zubereiten wie im Grundrezept links beschrieben. Allerdings die Milch durch 125 ml Rotwein ersetzen. Schokolade fein raspeln und mit Gewürznelken und Zimt unter den Teig rühren. Den Teig in eine gefettete Kranzkuchenform (24 cm Ø) füllen. Backen wie links beschrieben. Den fertigen Kuchen aus der Form stürzen und auskühlen lassen. Puderzucker und restlichen Rotwein glatt rühren. Den Kuchen mit dem Guss glasieren und mit den Cranberrys bestreuen.

ZITRONEN-INGWER-KUCHEN

Den Rührteig zubereiten wie im Grundrezept links beschrieben. Schale der Zitrone abreiben, Ingwer reiben und beides unter den Teig rühren. Teig in eine gefettete Kastenform (25 cm lang) füllen. Backen wie links beschrieben. Den fertigen Kuchen aus der Form stürzen und auskühlen lassen. Puderzucker und Zitronensaft in einer Schale glatt rühren. Den Kuchen mit dem Zuckerguss glasieren.

BROWNIES

Den Rührteig zubereiten wie im Grundrezept links beschrieben. Schokolade fein raspeln und zusammen mit dem Kakaopulver und den Walnusskernen darunterrühren. Den Teig in eine gefettete Auflaufform (25 x 35 cm) füllen, glatt streichen. Backen wie links beschrieben. Kuchen etwas auskühlen lassen, aus der Form stürzen und in Quadrate schneiden. Mit Puderzucker bestäuben. Mit Schlagsahne servieren.

MÜRBETEIG-KUCHEN

Für jeweils 12 Stücke

GRUNDREZEPT MÜRBETEIG

250 g Mehl
125 g Margarine
1 Eigelb
1 Prise Salz

ERDBEERTARTE

1 Grundrezept Mürbeteig (s. o.)
1 TL Margarine
700 g Erdbeeren
1 Bio-Zitrone
1 EL Zucker
1 Päckchen Vanillezucker
3 EL Speisestärke

Mehl, Margarine, Eigelb, Salz und 2 EL Wasser in einer Schüssel verkneten, bis ein glatter Teig entsteht.

ERDBEERTARTE

1. Den Mürbeteig zubereiten wie im Grundrezept beschrieben. Den Backofen auf 180 °C Ober-/Unterhitze vorheizen. Eine Tarteform (28 cm Ø) mit der Margarine einfetten.

2. Boden und Rand der Form mit drei Vierteln des Teiges auskleiden. Auf der mittleren Schiene im Backofen etwa 7 Minuten backen. Herausnehmen und in der Form auskühlen lassen. Backofentemperatur beibehalten.

3. Die Erdbeeren achteln. Schale der Zitrone abreiben. Alles mit Zucker, Vanillezucker und Speisestärke in einer Schüssel vermischen. Auf dem vorgebackenen Boden verteilen. Den restlichen Teig dünn ausrollen, in schmale Streifen schneiden und als Gitter über die Tarte legen. Auf der mittleren Schiene etwa 50–60 Minuten backen. Nach 40 Minuten den Kuchen eventuell mit Alufolie abdecken, damit er nicht zu dunkel wird.

Küchenutensilien:

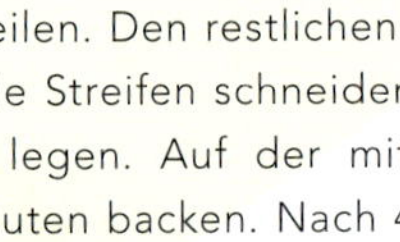

Tarteform

VS.

KÄSEKUCHEN

1 Grundrezept Mürbeteig (s. links)
1 TL Margarine
3 Eier
240 g Zucker
2 Päckchen Vanillezucker
750 g Magerquark
125 ml Milch
100 ml Olivenöl
40 g Speisestärke

Küchenutensilien:

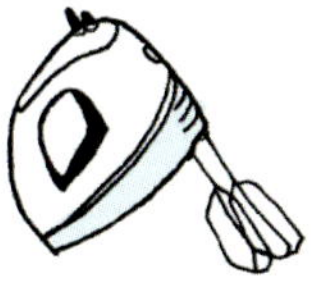

Handrührgerät

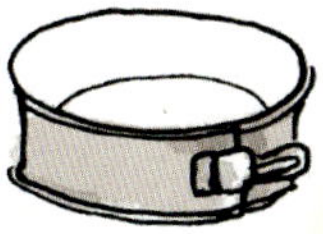

Springform

KÄSEKUCHEN

1. Den Mürbeteig zubereiten wie im Grundrezept links beschrieben. Den Backofen auf 180 °C Ober-/Unterhitze vorheizen. Eine Springform (26 cm Ø) mit der Margarine einfetten.

2. Boden und Rand der Springform mit dem Teig auskleiden. Auf der mittleren Schiene im Backofen etwa 7 Minuten backen. Herausnehmen und in der Form auskühlen lassen. Backofentemperatur beibehalten.

3. Die Eier trennen. Eiweiße mit den Rührstäben des Handrührgeräts steif schlagen. Eigelbe, Zucker und Vanillezucker schaumig schlagen. Quark, Milch, Olivenöl und Stärke unterrühren. Die Eiweißmasse unterheben.

4. Die Quarkcreme auf den vorgebackenen Boden gießen. Auf der mittleren Schiene im Backofen etwa 50–60 Min. backen. Nach 30 Minuten den Kuchen eventuell mit Alufolie abdecken, damit er nicht zu dunkel wird.

QUICK TIPP

Die Quarkcreme direkt in die gefettete Kuchenform füllen: Das gibt einen schnellen Käsekuchen ohne Boden!

HIMBEERTRIFLE

MIT VANILLECREME UND BISKUIT

Ein Trifle ist ein traditionelles englisches Dessert. Er besteht aus geschichteter Creme, Biskuit, Obst und Sahne. In dieser Tradition steht auch mein Himbeer-Trifle: Selbst gemachter Vanillepudding, lockerer Biskuit und frische Himbeeren verwandeln sich in einen geschichteten Desserttraum, von dem man nicht genug kriegen kann.

Für 4 Personen

3 Eier
190 g Zucker
75 g Mehl
75 g Speisestärke
1 Messerspitze Backpulver
1 EL Sonnenblumenöl
4 Eigelb
800 ml Milch
2 Päckchen Vanillezucker
300 g Himbeeren
3 EL Erdbeerkonfitüre

FOR GENTLEMEN

Den Biskuit mit 1 großen Schuss Portwein, Sherry oder Whisky beträufeln.

1. Für den Biskuit den Backofen auf 180 °C Ober-/Unterhitze vorheizen. Ein Backblech mit Backpapier auslegen.

2. Eier, 130 g Zucker und 4 EL warmes Wasser mit den Rührstäben des Handrührgeräts in etwa 5 Minuten schaumig schlagen. Mehl, 50 g Speisestärke, Backpulver und Öl dazugeben und einarbeiten. Masse auf dem Backpapier verstreichen. Auf der mittleren Schiene etwa 10–15 Minuten backen. Herausnehmen, auskühlen lassen und Biskuit in grobe Stücke brechen.

3. Für den Pudding Eigelbe, restliche Speisestärke und 100 ml Milch in einer Schale glatt rühren. Restliche Milch, restlichen Zucker und Vanillezucker in einem Topf erhitzen. Die Ei-Stärke-Mischung unter die heiße, aber nicht kochende Milch rühren. Vom Herd nehmen. So lange weiterrühren, bis der Pudding eindickt. Auskühlen lassen.

4. Den größten Teil der Himbeeren mit einer Gabel zerdrücken und mit der Erdbeerkonfitüre vermischen. Biskuit, Pudding und Obst abwechselnd in Gläser oder eine große Glasschale schichten. Mit den restlichen Himbeeren dekorieren.

Küchenutensilien:

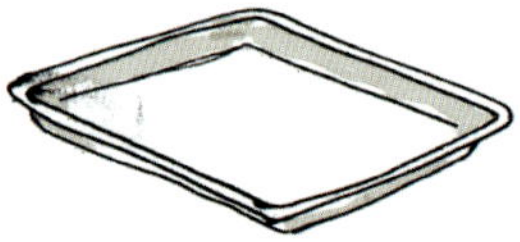

Backblech

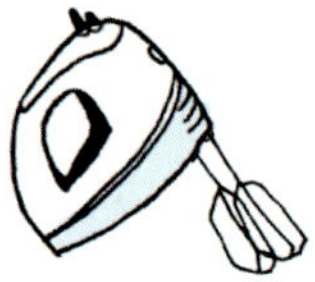

Handrührgerät

QUICK TIPP

Fertigen Vanillepudding und zerbröselte Schokocookies verwenden.

ROMANTIK-DINNER

Zu besonderen Anlässen möchte man seinen Liebsten oder seine Liebste mit einem beeindruckenden Abendessen verwöhnen. Denn nichts auf der Welt zeigt Zuneigung besser als ein schön gedeckter Tisch und selbst gekochtes Essen. Für diesen Anlass habe ich zwei Menüs zusammengestellt. Mit einfachen Zutaten könnt Ihr so ein super leckeres Romantikdinner zaubern und richtig Eindruck schinden.

Menü 1

SÜSSKARTOFFELSUPPE (s. S. 33)
TAGLIATELLE mit Birne, Gorgonzola, Radicchio und Walnuss (s. S. 84)
MOUSSE AU CHOCOLAT (s. S. 175)

Menü 2

FENCHELSALAT (s. S. 36)
KÜRBISRISOTTO mit Kokosshrimps (s. S. 113)
HONIGPARFAIT mit Rosmarin und Feigen (s. S. 154)

CRUMBLES

Crumbles eignen sich als süßes Hauptgericht oder Dessert. Sie lassen sich mit fast jedem Obst zubereiten, sie schmecken superfruchtig und – dank der knusprigen Butterstreusel – wie ein richtig toller Kuchen!

Für jeweils 2 Personen

BEEREN-CRUMBLE MIT VANILLESAUCE

250 g gemischte TK-Beeren
4 EL Zucker
3 EL Mehl
2 EL Margarine
3 Eigelb
2 Päckchen Vanillezucker
300 ml Milch

APFEL-CRUMBLE MIT MARZIPANSTREUSELN

2 EL Vanillepuddingpulver
2 EL Zucker
125 ml Milch
½ TL gemahlener Zimt
4 Äpfel
50 g Marzipanrohmasse
3 EL Haferflocken
2 EL Margarine

BEEREN-CRUMBLE

1. Den Backofen auf 180 °C Ober-/Unterhitze vorheizen. Die Beeren auftauen, dann mit 2 EL Zucker vermischen und auf zwei feuerfeste Formen (10 cm Ø) verteilen. Restlichen Zucker, Mehl und Margarine mit den Händen rasch zu Streuseln verkneten und über den Früchten verteilen. Auf der mittleren Schiene im Backofen etwa 30 Minuten backen und herausnehmen.

2. Für die Vanillesauce Eigelbe und Vanillezucker in einer Schale glatt rühren. Die Milch in einem Topf zum Kochen bringen und vom Herd nehmen. Die Eigelb-Zucker-Mischung unter ständigem Rühren in die Milch geben. Die Sauce zu dem noch warmen Crumble servieren.

Küchenutensilien:

feuerfeste Formen

APFEL-CRUMBLE

1. Den Backofen auf 180 °C Ober-/Unterhitze vorheizen. Vanillepuddingpulver, 1 TL Zucker, Milch und Zimt in einer Schale glatt rühren. Die Äpfel schälen, entkernen und in dünne Spalten schneiden. In der Auflaufform (26 cm Ø) verteilen und die Vanillemilch darübergießen.

2. Marzipan grob reiben und mit Haferflocken, Margarine und restlichem Zucker mit den Händen zu Streuseln verkneten. Über den Äpfeln verteilen. Auf der mittleren Schiene im Backofen etwa 30 Minuten backen. Herausnehmen und noch warm servieren.

Küchenutensilien:

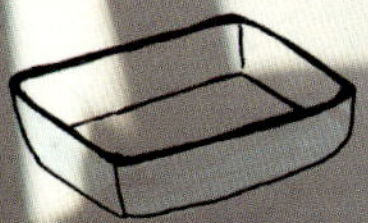

Auflaufform

€ ETWA 00:30 2

3 x Konfitüre

Konfitüre selber zu machen geht einfacher, schneller und viel unkomplizierter, als man denkt. Man braucht nur Früchte, Gelierzucker, einen großen Kochtopf und Twist-off-Gläser. Konfitüren konservieren den Sommer für lange Wintertage und sind im geschlossenen Glas monatelang haltbar. Fürs Frühstück, für Kuchen, für Desserts oder als kleines Geschenk – selbst gemachte Konfitüre ist einfach etwas ganz Besonderes!

Für jeweils 4 Gläser à 400 ml

GRUNDREZEPT ERDBEERKONFITÜRE

1 kg Erdbeeren
500 g Gelierzucker 2:1

ERDBEERKONFITÜRE

1. Twist-off-Gläser und Deckel heiß abspülen, abtrocknen und auf ein feuchtes Tuch legen. Die Erdbeeren in einem hohen Topf mit einem Stabmixer fein pürieren. Den Gelierzucker mit einem Kochlöffel unterrühren. Das Obst unter ständigem Rühren zum Kochen bringen. Wenn die Erdbeeren Blasen werfen, genau 4 Minuten kochen lassen.

2. Den Topf vom Herd nehmen. Die Twist-off-Gläser fast bis zum Rand mit der heißen Konfitüre füllen. Darauf achten, dass die Rillen der Gläser nicht bekleckert werden. Gläser zuschrauben und kopfüber auf das feuchte Handtuch stürzen. Konfitüre auskühlen lassen.

FEIGEN-HIMBEER-KONFITÜRE

500 g Feigen
500 g Himbeeren
500 g Gelierzucker 2:1

BRATAPFELKONFITÜRE

1 kg Äpfel
2 TL gemahlener Zimt
5 EL Mandelstifte
500 g Gelierzucker 2:1

FEIGEN-HIMBEER-KONFITÜRE

Die Feigen schälen. Mit den Himbeeren in einen großen Topf geben und mit dem Stabmixer fein pürieren. Den Gelierzucker unterrühren. Die Konfitüre wie beim Grundrezept links beschrieben (ohne die Erdbeeren) aufkochen und in Gläser füllen.

BRATAPFELKONFITÜRE

Die Äpfel schälen, vierteln, entkernen und in feine Würfel schneiden. Die Hälfte in einen großen Topf geben und mit dem Stabmixer fein pürieren. Die restlichen Äpfel, Zimt, Mandeln und Gelierzucker unterrühren. Die Konfitüre wie beim Grundrezept links beschrieben (ohne Erdbeeren) aufkochen und in Gläser füllen.

Küchenutensilien:

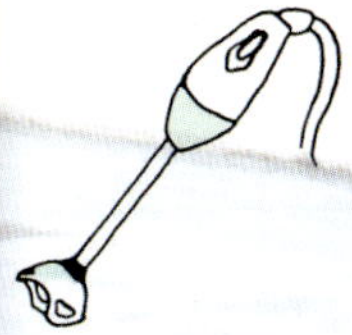

Stabmixer

SEELENTRÖSTER

SERVIER TIPP
Am besten mit frischen Erdbeeren genießen!

Für 2 Personen

SCHOKOLADENSOUFFLÉ
55 g Butter
75 g Zartbitterschokolade
2 Eier
2 EL Zucker
1 EL Mehl
1 EL Puderzucker

1. Den Backofen auf 180 °C Ober-/Unterhitze vorheizen. Zwei feuerfeste Formen (9 cm Ø) mit etwas Butter einfetten. Schokolade grob hacken und mit der restlichen Butter in einer Metallschüssel über dem Wasserbad schmelzen, verrühren und vom Topf nehmen. Eier und Zucker mit dem Schneebesen schaumig schlagen. Mehl und Schokolade unter die Zucker-Ei-Mischung rühren.

2. Die Masse in die Förmchen füllen. Auf der mittleren Schiene etwa 12 Minuten backen, ohne die Ofentür zu öffnen. Die Soufflés aus dem Ofen nehmen, auf Teller stürzen und mit Puderzucker bestäuben.

Filmtipp

Das Soufflé ist so schokoladig, gehaltvoll und vollmundig, dass es Trost spendet und wehmütig macht. Dieser Stimmung kann nur ein Filmklassiker gerecht werden: **Casablanca**!

Küchenutensilien:

feuerfeste Formen

Liebeskummer, Heimweh, Notenfrust oder Prüfungsstress: Gute Gründe für schlechte Laune und Traurigkeit gibt es in unserem Alltag viele. Ein Lichtblick, wenn Freunde einen dann mit einem schokoladigen Dessert wieder daran erinnern, dass das Leben wunderschön ist!

Für 2 Personen

MOUSSE AU CHOCOLAT

2 Eier
2 EL Zucker
150 g Zartbitterschokolade
100 g Sahne

GEWUSST WIE

Beim Schmelzen der Schokolade darauf achten, dass kein Wasser an die Schokolade kommt. Denn dann gerinnt sie binnen Sekunden und wird unbrauchbar.

1. Die Eier trennen. Eiweiße mit den Rührbesen des Handrührgeräts steif schlagen. Eigelbe und Zucker schaumig schlagen.

2. Die Schokolade in einer Metallschüssel über dem heißen Wasserbad schmelzen, verrühren und vom Topf nehmen. Die Eigelb-Zucker-Mischung mit dem Schneebesen unter die Schokolade rühren, bis die Masse fest wird.

3. Die Sahne dazugeben und so lange rühren, bis die Schokomasse frei von Klümpchen ist. Den Eischnee unterheben. Die Mousse für mindestens 4 Stunden in den Kühlschrank stellen.

Küchenutensilien:

Handrührgerät

CUPCAKES

Für jeweils 6 Cupcakes

GRUNDREZEPT CUPCAKES

2 Eier
4 EL Zucker
65 g Margarine
100 ml Milch
150 g Mehl
1 Päckchen Backpulver

CUPCAKES MIT BLAUBEERSAHNE

1 Grundrezept Cupcakes (s. o.)
200 g Sahne
1 Päckchen Sahnesteif
1 TL Zucker
125 g Blaubeeren

SCHOKO-CUPCAKES MIT HIMBEERHAUBE

1 Grundrezept Cupcakes (s. o.)
100 g Zartbitterschokolade
30 g Puderzucker
200 g Mascarpone
1 EL Himbeerkonfitüre
6 Himbeeren

RÜBLI-CUPCAKES MIT ORANGENCREME

1 Grundrezept Cupcakes (s. o.)
1 Möhre
2 EL gemahlene Haselnusskerne
50 g Puderzucker
½ Bio-Orange
200 g Mascarpone

ETWA 01:00

3

---

1. Den Backofen auf 180 °C Ober-/Unterhitze vorheizen. Eier, Zucker und Margarine in einer Schüssel mit den Rührstäben des Handrührgeräts schaumig schlagen. Milch, Mehl und Backpulver dazugeben. Alles zu einem glatten Teig verrühren.

2. Ein Muffinblech mit Papierförmchen auslegen. Den Teig darin verteilen. Auf der mittleren Schiene etwa 25 Minuten backen. Herausnehmen, auskühlen lassen, mit einer Creme (siehe Rezepte unten) versehen und servieren.

BLAUBEERSAHNE

Cupcakes nach dem Grundrezept backen wie oben beschrieben. Sahne, Sahnesteif und Zucker steif schlagen, dekorativ auf den Cupcakes verteilen und mit den Blaubeeren verzieren. Sofort servieren.

HIMBEERHAUBE

1. Cupcakes nach dem Grundrezept backen wie oben beschrieben. Dabei zum Schluss die Schokolade zerlassen und unter den Teig rühren.

2. Puderzucker sieben und mit Mascarpone und Konfitüre verrühren. Etwa 20 Minuten im Kühlschrank kalt stellen. Die Creme dekorativ auf den Cupcakes verteilen und mit den Himbeeren verzieren. Sofort servieren.

ORANGENCREME

1. Cupcakes nach dem Grundrezept backen wie oben beschrieben. Möhre schälen, fein raspeln und mit den Haselnusskernen unter den Teig rühren.

2. Puderzucker sieben und Schale der Orange abreiben. Beides mit dem Mascarpone verrühren. Etwa 20 Minuten im Kühlschrank kalt stellen. Die Creme dekorativ auf den Cupcakes verteilen. Sofort servieren.

SPARTIPP

Wer Kalorien und Geld sparen möchte, kann den Mascarpone durch gut abgetropften Speisequark oder Frischkäse ersetzen.

GEWUSST WIE

Die Cremehaube lässt sich am besten mit einem Spritzbeutel auf den Muffins verteilen. Wer keinen hat, einfach bei einem Tiefkühlbeutel unten eine kleine Ecke abschneiden und wie einen Spritzbeutel benutzen.

Küchenutensilien:

feine Reibe | Handrührgerät | Muffinblech | feines Sieb

Serviertipp

Die warmen Kuchenstücke mit je 1 Kugel Vanilleeis und 1 Prise gemahlenem Zimt servieren.

GRIESSKUCHEN

MIT FILOTEIG UND SIRUP

Galaktoboureko heißt dieses Gericht in Griechenland. Vielleicht kennt ihr es aus dem Restaurant oder aus dem Griechenland-Urlaub. Ich kenne wirklich niemanden, der nicht verrückt danach ist! Deshalb solltet ihr es euch nicht nehmen lassen, diesen in Filoteig gehüllten, lockeren Grießkuchen selbst auszuprobieren. Denn er wird euch ganz sicher gelingen, herrlich duften und fantastisch schmecken. Versprochen!

Für 8 Stücke

3 Eier
330 g Zucker
1 Päckchen Vanillezucker
600 ml Milch
80 g Weichweizengrieß
120 g Butter
10 Blätter Filoteig
1 Scheibe von 1 Bio-Zitrone
1 Zimtstange
5 Gewürznelken

Küchenutensilien:

Auflaufform

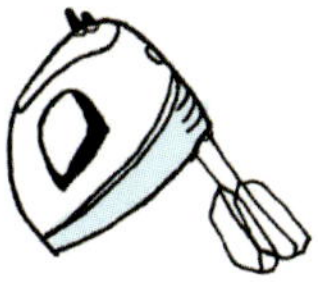

Handrührgerät

GEWUSST WIE

Sollten Filoteigblätter übrig bleiben, einfach aufrollen und einfrieren. Sie lassen sich problemlos wiederverwenden.

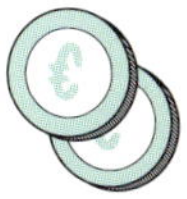

1. Den Backofen auf 180 °C Ober-/Unterhitze vorheizen. Die Eier trennen. Eiweiße mit den Rührstäben des Handrührgeräts steif schlagen. Eigelbe, 80 g Zucker und Vanillezucker schaumig schlagen.

2. Milch in einem Topf zum Kochen bringen. Grieß einrieseln lassen. Die Hitze reduzieren und die Masse unter Rühren ein paar Minuten eindicken lassen. Den Topf vom Herd nehmen. Eigelb-Zucker-Mischung unter den Grieß rühren, Eischnee unterheben. Die Masse unter gelegentlichem Umrühren auskühlen lassen.

3. Die Butter zerlassen. Eine Auflaufform (20 x 25 cm) damit leicht fetten. 6 Filoteigblätter in der Form versetzt übereinanderlegen und jede Lage sorgfältig mit etwas Butter bepinseln. Die Grießmasse einfüllen. Die überstehenden Teigränder einklappen und wiederum einzeln mit etwas Butter bepinseln. Die restlichen Filoteigblätter versetzt auf die Grießmasse legen, dabei jedes Blatt mit Butter bepinseln. Den aus der Form ragenden Filoteig abschneiden, noch überstehende Reste nach unten in die Form drücken.

4. Das Galaktoboureko mit etwas Wasser beträufeln. Auf der mittleren Schiene etwa 30 Minuten backen. Nach 20 Minuten mit Alufolie abdecken, damit der Blätterteig nicht zu dunkel wird.

5. Für den Sirup 1 l Wasser, restlichen Zucker, Zitronenscheibe, Zimtstange und Gewürznelken in einen Topf geben und aufkochen. Bei mittlerer Hitze etwa 25 Minuten köcheln lassen. Den Sirup vom Herd nehmen.

6. Den Grießkuchen aus dem Ofen nehmen, etwas auskühlen lassen und den Sirup darüber verteilen, bis er vollständig aufgesogen ist. Kuchen noch warm servieren.

PANNA COTTA

Für jeweils 2 Personen

GRUNDREZEPT PANNA COTTA
3 Blatt weiße Gelatine
400 g Kochsahne
2 EL Zucker

WEIHNACHTLICHE PANNA COTTA
1 Grundrezept Panna Cotta (s. o.)
½ TL Lebkuchengewürz
1 TL Speisestärke
200 g TK-Himbeeren
2 EL Zucker
3 Spekulatius

LIMETTEN-BUTTERMILCH-COTTA MIT ERDBEERMUS
1 Grundrezept Panna Cotta (s. o.)
200 ml Buttermilch
1 Bio-Limette
125 g Erdbeeren

Küchenutensilien:

Dessertformen

Stabmixer

PANNA COTTA

Die Gelatine in etwas kaltem Wasser einweichen. Sahne und Zucker in einen Topf geben und zum Kochen bringen. Vom Herd nehmen. Die ausgedrückte Gelatine in der heißen Sahne auflösen. Auf zwei Glasschalen oder Tassen (9 cm Ø) verteilen und etwa 4 Stunden in den Kühlschrank stellen. Zum Servieren aus den Schälchen stürzen.

WEIHNACHTLICHE PANNA COTTA

1. Die Panna Cotta zubereiten wie im Grundrezept oben beschrieben. Dabei das Lebkuchengewürz mit der Sahne zum Kochen bringen.

2. Himbeeren auftauen. Die Speisestärke mit etwas Himbeersaft glatt rühren. Mit den Himbeeren und dem Zucker in einen Topf geben und erhitzen. Bei schwacher Hitze etwa 5 Minuten köcheln lassen.

3. Heiße Himbeeren vor dem Servieren über die Panna Cotta geben. Spekulatius zerbröseln und die Panna Cotta damit bestreuen.

LIMETTEN-BUTTERMILCH-COTTA

1. Die Panna Cotta zubereiten wie im Grundrezept oben beschrieben. Allerdings die Hälfte der Sahne durch die Buttermilch ersetzen. Schale der Limette abreiben und unterrühren.

2. Die Erdbeeren in einem hohen Gefäß mit dem Stabmixer fein pürieren. Das Erdbeermus vor dem Servieren auf der Panna Cotta verteilen.

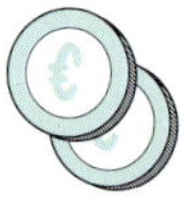

Servier-Tipp

Mit frischen Früchten, Minze und etwas Puderzucker anrichten.

Pilar, Andrea
und ich beim
E-i-n-k-a-u-f-e-n.

CLEVER EINKAUFEN

Vor dem Kochen muss man einkaufen und schon dabei kann man viele Fehler machen. Damit der Einkauf nicht in Chaos und Verzweiflung endet, damit ihr Frustkäufe vermeidet und beste Qualität zu fairen Preisen bekommt, verrate ich euch hier meine Tricks.

Die Mahlzeiten im Voraus planen und vor dem Einkauf eine **Einkaufsliste** schreiben. So vergisst man nichts und kauft gleichzeitig nichts Unnötiges ein.

Niemals hungrig in den Supermarkt gehen. Sonst landet viel mehr im Einkaufskorb als geplant!

Die **preiswerteren Lebensmittel** stehen im Supermarktregal meist ziemlich weit unten. Deshalb sollte man sich für das Einkaufen Zeit nehmen, um nach billigen Alternativen zu teuren Markenprodukten zu stöbern.

Am besten **saisonales Obst und Gemüse aus der Region** kaufen. Das ist am günstigsten und schmeckt am leckersten. Also auf zum nächsten Bauernmarkt! Welche Früchte gerade Saison haben, verrät euch der Saisonkalender ganz hinten im Buch.

Bei Früchten, Salat und Gemüse auf **Frische und Qualität** achten. Am besten sind die Produkte aus der Region, die keine langen Transportwege hinter sich haben. Alles sollte knackig-frisch aussehen und am besten nicht mit Pflanzenschutzmitteln besprüht worden sein. Überlegt, ob es unbedingt die Flugmango aus Brasilien sein muss, wenn im Sommer die heimischen Beeren frisch, günstig, superlecker und voller Vitamine sind.

Mittlerweile bieten sogar Supermärkte und Discounter zahlreiche **Bio-Produkte** an. Bei abgepackter Ware aber immer den Packungsboden kontrollieren, um sicher zu gehen, dass Obst und Gemüse wirklich noch in gutem Zustand sind.

Außerhalb der Obst- und Gemüsesaison kann man ohne schlechtes Gewissen auf Spinat, Erbsen, Brokkoli oder Beeren aus der **Tiefkühltruhe** zurückgreifen.

Bei **Fleisch und Fisch** dagegen lohnt sich der Gang zum Metzger und Fischhändler. Bei Fleisch, Fisch und Eiern, wenn es der Geldbeutel irgendwie zulässt, lieber ein klein bisschen mehr ausgeben und Bio-Produkte kaufen. Hier gilt die Devise: Lieber selten und gut, als täglich und schlecht!

Großpackungen, egal ob bei Nudeln oder Gewürzen, sind viel günstiger als kleine Packungen und halten, kühl und trocken gelagert, lange. Man kann sich Großpackungen im Angebot natürlich auch mit Freunden oder hungrigen WG- oder Studentenheimmitbewohnern teilen!

Foto Verena Westernacher

KÜCHENAUSSTATTUNG

BASICS

Pfanne mit hohem Rand und Deckel.
Diese sollte auf jeden Fall beschichtet sein. Fleisch, Fisch oder Gemüse brennen nicht so leicht an. Man erspart sich das lästige Abschrubben der verkrusteten Pfannenböden und braucht weniger Bratfett.

Je ein großer und ein kleiner Kochtopf mit Deckel.
Damit bewältigt man alle Portionsgrößen vom Milchreis bis zum Eintopf.

Zwei große Schneidebretter
Eines aus robustem Holz für Gemüse und Obst und eines aus Plastik für Fleisch und Fisch. Dieses kann dann nach dem Benutzen heiß abgespült werden, um mögliche Keime abzutöten.

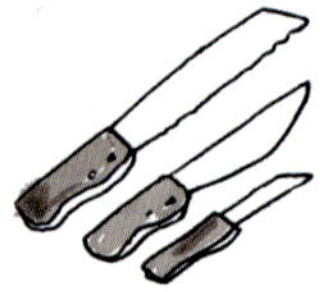

Drei scharfe Messer
Am besten ein Brotmesser, ein kleines Schälmesser und ein großes Messer zum Schneiden von Fleisch und Fisch oder zum Hacken von Kräuter.

Sparschäler
Auch wenn Oma meist ohne auskommt: ein Muss zum Schälen von Kartoffeln, Möhren, Gurken und so weiter.

Mindestens zwei Kochlöffel, einen Schöpflöffel und eine Schaumkelle
Ob Kochlöffel aus Holz oder Plastik, das ist Geschmackssache. Suppe und Sauce zu verteilen ist ohne Schöpflöffel schwierig. Die Schaumkelle braucht man beispielsweise zum Frittieren, für Spätzle und Gnocchi.

Pfannenwender
Wer Pfannkuchen wenden oder Bratkartoffeln von allen Seiten knusprig braten will, für den ist ein Pfannenwender unverzichtbar! Am besten aus Holz oder Plastik, um die Pfanne nicht zu zerkratzen.

Mehrere Rührschüsseln
Zum Kuchenbacken, für Salate, zum Verrühren von Zutaten oder einfach nur zum Aufbewahren: Mindestens zwei sind Pflicht für jede Studentenküche.

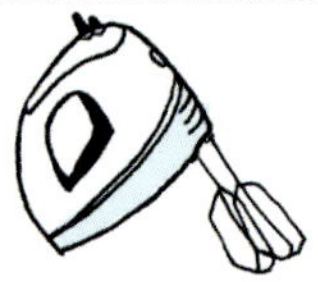

Handrührgerät
Wer sich häufiger mit Kuchen, Desserts und Co. beschäftigt, wird um die Anschaffung nicht herumkommen.

Schneebesen
Für Saucen, das Salatdressing oder den Pfannkuchenteig unerlässlich.

Feines Sieb
Wird zum Sieben von Puderzucker oder Passieren von Saucen gebraucht.

Messbecher
Wer keine Küchenwaage hat, braucht einen Messbecher, der neben Millilitern zumindest auch Grammangaben für Zucker und Mehl liefert.

Reibe
Eine grobe und eine feine Reibe gehört in jede Küche. Praktisch: eine Vierkantreibe, die von der Gurke über die Möhre bis zum Parmesan alles klein und fein bekommt.

Zwei Auflaufformen
in unterschiedlichen Größen sollte es in jeder Studentenküche geben. Sie werden immer gebraucht – egal, ob für süße Desserts oder überbackene Nudeln.

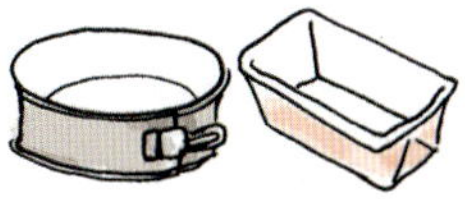

Zwei Kuchenformen
Eine Kasten- und eine Springform sind Pflicht. Eifrige Bäcker erweitern ihren Bestand in der Regel schnell.

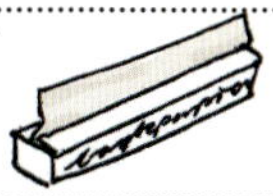

Backpapier
schützt das Backblech und erspart mühseliges Schrubben.

SCHLAUE EXTRAS

Küchenwaage
Macht dem Bäcker das Leben leichter und hilft, Backpannen zu vermeiden.

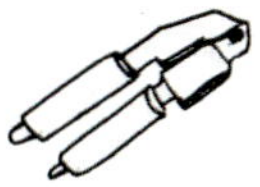

Knoblauchpresse
Spart Zeit und schützt vor stinkenden Knoblauchfingern.

Stabmixer
Er ist für wenig Geld zu haben und für Marmeladen, Suppen oder Saucen eine unverzichtbare Hilfe!

Salatbesteck
Besonders bei größeren Mengen eine praktische Hilfe.

Nudelsieb
Wichtigstes Utensil für den Pasta-Fan. Auch praktisch zum Abtropfen von Salat, gewaschenem Gemüse und Obst.

Alufolie
Zum Garen von Fleisch und Fisch oder zum Abdecken von Aufläufen unerlässlich.

Klarsichtfolie
sollte immer im Schrank sein, um Reste geschützt aufbewahren zu können.

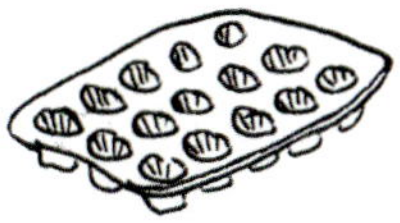

Muffinblech
Praktisch für Muffins, Kleingebäck und Minikuchen.

DIE RICHTIGEN VORRÄTE

RETTER IN DER NOT

Zu viel gelernt, gefeiert oder einfach nicht in den Kalender geschaut: Es ist Sonntag und im Kühlschrank herrscht gähnende Leere. Keine Panik! Wer seine Speisekammer gut mit den richtigen Lebensmitteln bestückt, hat sogar Wochen später gut lachen und kann mithilfe seiner Vorräte schnell ein nahrhaftes Menü zaubern.

TROCKENE LEBENSMITTEL

Mehl
Backpulver
Grieß
Haferflocken
Reis
Milchreis
Nudeln
Zucker
Puderzucker
Speisestärke
Semmelbrösel

AUFBEWAHRUNGSTIPP

Angebrochene Packungen am besten in einer gut verschlossenen Dose aufbewahren.

GEWÜRZE, ÖL & FETT

Salz
Pfeffer
gemahlener Zimt
Muskatnuss
getrockneter Thymian, Rosmarin und Oregano
Paprikapulver
Currypulver
Kurkuma
Olivenöl
Sonnenblumenöl
Margarine

AUFBEWAHRUNGSTIPP

Gewürze in fest verschließbaren Gläsern aufbewahren, damit sie ihr Aroma nicht verlieren. Pflanzenöl sollte möglichst dunkel gelagert werden.

DOSE & TETRAPACK

Tomaten, passiert und in Stücken
Mais
Kidneybohnen
Kokosmilch
H-Milch
H-Sahne

LAGERFÄHIGES GEMÜSE & OBST

Kartoffeln
Zwiebeln
Knoblauch
Möhren
Kohl (Blumenkohl, Brokkoli, Weißkraut)
Äpfel
Birnen

AUFBEWAHRUNGSTIPP FÜR LAGERFÄHIGES GEMÜSE & OBST

Die aufgeführten Produkte halten sich unter normalen Küchenbedingungen etwa 2–3 Wochen. Es gilt: je dunkler, kühler und trockener, desto länger. Optimal gelagert sind Kartoffeln, Zwiebeln, Knoblauch, Weißkohl und Äpfel (Lagersorten) sogar mehrere Monate haltbar.

⋙→ SCHLAUE EXTRAS

Hartkäse am Stück (z. B. Parmesan, Emmentaler)
Balsamico-Essig
Weißweinessig
Senf
Ketchup
Rosinen
Nusskerne
Konfitüre
Honig
Schokolade

DER KÜHLSCHRANK

UNSER FREUND UND HELFER

- Im Kühlschrank bewahren wir alles auf, das kühl gelagert werden muss. Der **kälteste Ort** im Kühlschrank ist die unterste Ablage, direkt über dem Gemüsefach. Dorthin gehören leicht verderbliche Lebensmittel wie Fleisch, Wurst oder Fisch. Tiefkühlware kann dort schonend aufgetaut werden.

- In der **Mitte des Kühlschranks** ist der Platz für die Milchprodukte wie Käse, Joghurt und Milch.

- Offene Konserven oder Gläser (z. B. Essiggurken) können im wärmsten, nämlich im **oberen Teil** des Kühlschranks aufbewahrt werden.

- Im **Gemüsefach** kann Obst und Gemüse gelagert werden, denn dort ist die Temperatur am höchsten.

VORSICHT: Kartoffeln, Zitrusfrüchte, Bananen, Ananas und Papaya gehören nicht zum Lagern in den Kühlschrank, da sie die Kälte nicht vertragen.

- Eier, Butter, Saucen, Marmeladen oder Ketchup werden am besten in den oberen und mittleren Fächern der **Kühlschranktür** aufbewahrt werden.

- **Speisereste** immer erst auskühlen lassen und dann gut abgedeckt im Kühlschrank verstauen.

- Frisch gekaufte Lebensmittel immer hinter den älteren platzieren.

- Den Kühlschrank alle 4 Wochen mit warmen Wasser und Spülmittel reinigen.

Was einfrieren?
Gemüse, Obst, Brot, roher Fisch, Suppen, Eintöpfe, Kräuter und Teig lassen sich problemlos einfrieren. Dennoch gilt: Je frischer, desto besser! Bei Fleisch und Resten von Aufläufen lieber auf das Einfrieren verzichten.

Wie einfrieren?
Tiefgekühlt wird bei mindestens –18 °C. Diese Temperatur erreichen neben Tiefkühltruhen und -schränken auch 4-Sterne-Kühlfächer von Kühlschränken. Das Gefriergut wird möglichst luftdicht in Gefrierbeutel oder geeignete Plastikdosen verpackt. Gefriergut immer mit dem Einfrierdatum beschriften!

Wie lange einfrieren?
Rohe Lebensmittel können bis zu 12 Monaten in der Tiefkühltruhe gelagert werden. Bereits vorgekochte Ware sollte binnen 3 Monaten verbraucht werden.

Wie auftauen?
Eingefrorenes am besten über Nacht im Kühlschrank auftauen. So können sich keine Keime vermehren, Gemüse und Obst bleiben knackig.

TIPPS & TRICKS

KOCH-BASICS

Fleisch: Vor der Zubereitung waschen, trocken tupfen und eventuell vorhandene Sehnen sowie überflüssiges Fett entfernen.

Fisch: Vor der Zubereitung waschen und trocken tupfen. Nachsehen, ob der Fischhändler vielleicht eine Gräte übersehen hat.

Obst & Gemüse: Mit heißem Wasser gründlich waschen, abtrocknen, putzen und/oder schälen. Dabei werden Schalen, Stielansätze, Strünke, Kerngehäuse, welke Blätter oder ähnliches entfernt sowie schadhafte Stellen und Augen bei Kartoffeln herausgeschnitten.

Frische Kräuter: Vor dem Hacken gründlich waschen und trocken schleudern, grobe Stängel entfernen.

Sonnenblumenöl oder andere neutrale Pflanzenöle wie Rapsöl eigenen sich zum Anbraten von Fleisch, Fisch oder Gemüse bei hoher Temperatur.
Olivenöl eignet sich durch seinen intensiven Geschmack besser für Salate und mediterrane Gerichte. Gesundheitlich wertvoll ist kaltgepresstes natives Olivenöl mit der Bezeichnung »extra vergine«.

Öltemperatur: Den Stiel eines Holzkochlöffels in das Öl tauchen. Bilden sich Bläschen, ist es heiß genug. Vorsicht: Wenn das Öl anfängt zu rauchen, ist es überhitzt! Dann sofort vom Herd nehmen.

Butter/Margarine: Ob man Butter oder Margarine verwendet, das ist Geschmackssache. Butter ist jedoch, im Gegensatz zu Margarine, ein Naturprodukt und nicht mit künstlichen Aromen oder Farbstoffen versehen. Beide Fette dürfen nicht zu stark erhitzt werden, da sie relativ schnell verbrennen, schwarz und bitter werden.

Nudeln kochen: Pro 100 g Nudeln sollte man mindestens 1 Liter Wasser in einem ausreichend großen Topf erhitzen. Wenn das Wasser kocht, 2 TL Salz und die Nudeln hineingeben und gut umrühren. Die Hitze reduzieren und die Nudeln im Topf in der auf der Packung angegebenen Garzeit bissfest kochen. Dabei gelegentlich umrühren, damit sie nicht aneinander oder am Topfboden kleben bleiben. Die noch bissfesten Nudeln in ein Sieb abschütten.

BACKTIPPS

Richtig backen: In den ersten 30 Minuten der Backzeit nie die Backofentür öffnen. Sonst kann der Kuchen zusammenfallen.

Garprobe: Ein Messer in die Mitte des Kuchens stechen und wieder herausziehen. Klebt kein Teig daran, ist der Kuchen fertig gebacken.

Unterheben: Um die Luft in einer aufgeschlagenen Kuchenmasse zu erhalten, wird z. B. steif geschlagenes Eiweiß nicht einfach untergerührt, sondern mit einem Löffel oder Teigspatel vorsichtig untergehoben.

Oberflächenschutz: Wenn Kuchen oder Aufläufe schon eine schöne Farbe haben, aber noch längere Zeit backen müssen, deckt man sie mit etwas Alufolie ab, damit sie nicht zu dunkel werden.

DAS TEAM

Katerina Dimitriadis (Autorin), isst am liebsten alles was teigig ist, da ihrer Meinung nach nur Brot (das liegt in den griechischen Genen) richtig satt macht. Während der Arbeit am Buch musste sie zahllose Schnittwunden, Verbrennungen und sogar eingewachsene Tellerstücke verschmerzen (siehe Zucchini-Quiche-Bild). Aber das hielt sie nicht davon ab, immer weiter an ihren Rezepten zu basteln! Die Studentin der Politik- und Buchwissenschaft und freie Journalistin betreibt im Nürnberger Stadtteil St. Leonhard zusammen mit ihrer Mama und ihrer Schwester das Restaurant Konstantina.

Pilar Schacher (Fotografin), ist eine Naschkatze und hat wirklich jedes Rezept aus dem Buch probiert. Obwohl ihr Spezialgebiet die Modewelt ist, lernte sie durch die Arbeit als Food-Fotografin überlebenswichtige Dinge wie das richtige Braten eines Spiegeleis. Die Fotografin, Stylistin und Bastelkönigin machte gerade ihren Bachelorabschluss in Design und wohnt im Herzen der Nürnberger Altstadt.

Andrea Schindler (Grafikerin), kann vor allem bei gefüllten Paprika und Crostini nicht Nein sagen, weshalb sie sich bei diesen gleich ins Bild gemogelt hat. Auch wenn sie anfänglich Rezepte und Zutaten nicht auseinander halten konnte, mauserte sie sich zu einer wahren Lebensmittelunterscheidungsexpertin. Die Grafikerin, Illustratorin und Fotografin hat gerade ihren Bachelor in Grafikdesign gemacht und lebt jetzt in der Künstlermetropole Berlin.

DANKE

Wir danken **all den bezaubernden Menschen**, bei denen wir fotografieren durften, die uns ihr Geschirr und sonstigen Krimskrams so großzügig zur Verfügung stellten und die für uns tapfer Model standen. Ihr habt geholfen, das Buch so einzigartig zu machen!
Vielen Dank dafür an Pilars Eltern und Oma, Manfred und Gabi, Chris, Oli, Simon, Kate, Sabine, Tilman, Steffi, Tom, Alex, Athina, Kirsten, Andrea, Frederik, Dave, Opa Rudi, Nicky und ihre Mama, das Team von »Die Haarmacher«, die netten Betreiber von »Fisch und Meer«, Timo, Pavla, Naemi, Julia Kolb, die Familie Steger, Karl, David S., David H., Kim, Sarah, Verena, Familie Biancardi, besonders Mama Angela und Sohn Antonio, Hanna und Lisa. Zudem danke ich Monika Schlitzer vom Dorling Kindersley Verlag dafür, dass sie mir die Chance gab, dieses Buch zu machen und mich genauso wie Elke Homburg bei der Entwicklung des Konzepts unterstützte. Ganz besonders möchte ich mich auch bei meiner Familie bedanken: Bei meiner Mama, die mir das Kochen beibrachte und mir mit Rat und Tat beiseite stand. Ich danke meiner Schwester Barbara, die als Chauffeuse, Friseurin, Packesel, Tellerfrau, Foto-Assistentin und Hinterherräumerin mit anpackte, wo sie nur konnte. Meinem Freund Patrick möchte ich ganz besonders danken, denn seiner Liebe zum guten Essen verdanke ich viele meiner Rezeptideen. Er war es auch, der meine Launen in dieser anstrengenden Zeit ertrug und mir Mut machte, wenn ich nicht mehr weiterwusste. Und natürlich danke ich meinem einzigartigen Papa dafür, dass er sich immer um alles und alle kümmert! Und zu guter Letzt: Ein großer Dank geht an Dr. Lothar Hoja von den Nürnberger Nachrichten – Lothinator, du weißt warum!

REGISTER

6. Auflage, 2017

Texte Katerina Dimitriadis
Fotografie Pilar Schacher. Außer: S. 2/3, 21, 26, 66 privat; S. 182 Verena Westernacher
Food Styling Katerina Dimitriadis und Pilar Schacher
Redaktion Claudia Krader, München
Gestaltung, Typografie, Realisation Andrea Schindler, Berlin
Illustration Andrea Schindler, Berlin
Repro Medienservice Farbsatz, Neuried/München

Für den DK Verlag
Programmleitung Monika Schlitzer
Projektbetreuung Elke Homburg
Herstellungsleitung Dorothee Whittaker
Herstellung Kim Weghorn

ISBN 978-3-8310-2192-5

Druck und Bindung Leo Paper Products, China

MIX
Papier aus verantwortungsvollen Quellen
FSC® C020056

Besuchen Sie uns im Internet
www.dorlingkindersley.de

Hinweis
Die Informationen und Ratschläge in diesem Buch sind von den Autoren und vom Verlag sorgfältig erwogen und geprüft, dennoch kann eine Garantie nicht übernommen werden. Eine Haftung der Autoren bzw. des Verlags und seiner Beauftragten für Personen-, Sach- und Vermögensschäden ist ausgeschlossen.

- SAISONKALENDER -

GEMÜSE	Jan	Feb	Mär	Apr	Mai	Jun	Jul	Aug	Sep	Okt	Nov	Dez
Auberginen							●	●	●	●		
Blumenkohl					●	●	●	●	●	●		
Bohnen, grüne						●	●	●	●	●		
Bohnen, Dicke						●	●	●				
Brokkoli						●	●	●	●	●		
Champignons	●	●	●	●	●	●	●	●	●	●	●	●
Chicorée	●	●	●	○						●	●	●
Erbsen						●	●	●				
Fenchel						●	●	●	●	●	●	
Grünkohl	●	●									●	●
Gurken						●	●	●	●	●		
Kartoffeln	○	○	○	○	○	●	●	●	●	●	○	○
Kürbis	○	○						●	●	●	●	○
Lauch	●	●	●	●			●	●	●	●	●	●
Mangold					●	●	●	●	●	●		
Möhren	○	○	○	○	○	●	●	●	●	●	○	○
Paprika							●	●	●	●		
Pastinaken	●	●	●	○					●	●	●	●
Radieschen					●	●	●	●	●	●		
Rosenkohl	●	●	●							●	●	●
Rote Beten	○	○	○	○			●	●	●	●	●	○
Rotkohl	○	○	○	○	○	●	●	●	●	●	●	○
Schwarzwurzeln	●	●								●	●	●
Spargel				●	●	●						
Spinat			●	●	●				●	●	●	
Spitzkohl					●	●						
Staudensellerie					●	●	●	●	●	●		
Tomaten						●	●	●	●	●		
Weißkohl	○	○	○	○		●	●	●	●	●	●	○
Wirsingkohl	●	●	○		●	●	●	●	●	●	●	
Zucchini						●	●	●	●	●		
Zuckerschoten					●	●	●	●				
Zwiebeln	○	○	○	○	○	○	●	●	●	●	○	○

● - ist frisch verfügbar. ○ - ist als Lagerware verfügbar. - importierte Früchte